KB175878

데카르트의
삶과
진리추구

데카르트의
삶과
진리추구

이종훈 편역

이담
Books

일러두기

► 이 책은 데카르트가 1637년 『굴절광학』, 『기하학』, 『기상학』과 함께 발표한 *Discours de la mèthode pour bien conuire, et chercher la vèritè dans les sciences*(이성을 잘 인도하고, 학문들에서 진리를 탐구하기 위한 방법서설)에서 앞의 세 편을 제외한 본론을 번역한 것이다. 그리고 이 책이 그의 철학적 자서전이자 대표작이라는 점을 고려해 제목을 『데카르트의 삶과 진리추구』로 붙였다.

► 번역은 홀데인(E. S. Haldane)과 로스(G. R. T. Ross)가 영역한 *Discourse on the Method of Rightly Conducting the Reason*(The Univ. of Chicago, Encyclopaedia Britannica Inc. 1971)을 원본으로 삼았고, 게베(L. Gäbe)가 독역한 *Von der Methode des richtigen Vernunftgebrauchs und der Wissenschaftlichen Forschung*(Französisch- Deutsch, Hamburg, 1960) 그리고 이현복 교수가 번역한 『방법서설』(문예출판사, 1997)을 참조했다.

► 간혹 강조되어야 할 중요한 용어는 독자들에게 프랑스어보다 영어가 더 친숙하다고 또 어떤 것은 라틴어가 더 중요하다고 생각해 병기했고, 혹시 애매하게 전달될 수 있는 표현은 한자를 병기하기도 했다.

► 문단이 너무 길 경우에는 옮긴이가 판단해 나누었고, 독자의 이해를 돕기 위해 또는 문맥의 흐름을 원활하게 하기 위해 간혹 [ ] 안에 필요한 문구를 삽입했다.

► 인명이나 중요한 용어는 처음 나올 때에만 원어를 병기했으며, 그 밖에 지명 등은 번거롭다고 판단해 원어를 밝히지 않았다.

► 본문을 파악하는 데 도움이 될 사항은 최소한으로 요약해 주석으로 달았다.

► 본문의 각 부 앞에는 전개되는 '핵심내용'을 체계적으로 정리했고, 비판적으로 검토해 볼 수 있도록 '생각해볼 거리'를, 본문 전체가 끝난 다음에는 종합적으로 적용해 볼 수 있도록 '토론해볼 거리'를 첨부했다.

해설

1.

르네 데카르트(Renè Descartes, 1596~1650)는 프랑스 중서부 투렌 지방의 귀족 집안에서 태어났다. 그는 태어난 지 1년여 만에 폐결핵으로 돌아가신 어머니에게서 병약한 몸을 물려받았으나, 이 불리한 신체조건을 오히려 복잡한 현실을 냉철하게 직시하고 그 가운데 긍정적인 측면을 찾으려고 곰곰이 생각해 보는 끈질긴 습관으로 극복해냈다. 예수회 신학교를 졸업하고 파리로 가서 다음해 대학에 입학해서 법학과 의학을 공부하고 졸업했지만, 기존의 스콜라철학과 학문들에 만족할 수 없었다. 그래서 그는 30년 종교전쟁이 일어남으로써 유럽 전체가 극도의 혼란을 겪는 시기에 '세상이라는 커다란 책'을 폭넓게 경험하기 위해 여행을 다니기 시작하면서 또 종교에 대해 자유로운 네덜란드 군대에, 그런 다음 가톨릭교의 독일 군대에 복무하면서 수학·자연과학을 배우거나 자신의 독특한 사색을 펼칠 수 있는 기회를 활용하며 살아 있는 지식들을 쌓아갔다.

그러던 1619년 11월 그는 도나우 강변의 한적한 마을에 잠시 머무는 동안, 중세의 낡은 전통에 복잡하게 얽매여 정체된 철학을 가장 단순하고 알기 쉬운 것으로부터 일정한 순서에 따라 '한 걸음씩 확실하게 시작하는', 즉 '천천히 걷지만 곧은길을 따라가는' 새로운 기하학적 방법(more geometrico)에 기초해서 보편수학(mathesis universalis)으로 수립할 수 있음을 깨달았다. 이러한 근본적인 철학의 문제의식을 자서전처럼 생생하게 기록한 것이 바로 이 책『방법서설』이지만, 그는 번거로운 논쟁에 휘말리거나 종교재판에 회부될 것을 염려해 오랫동안 고심하던 중, 후학들에게 도움이 될 수 있다고 판단해 1637년에야 겨우 익명으로 출판했다.

세상의 평판을 따르기보다 학문과 진리를 연구하고 마음의 휴식과 평안을 추구했던 그는 사상과 문화에 훨씬 더 자유롭고 관대했던 네덜란드에서 주로 은둔생활을 하며 저술활동을 했다. 이러는 가운데 그는 점차 일부 가톨릭교회와 학계가 자신의 사상을 무신론으로 왜곡하고 매도하는 한편, 교회는 물론 국가도 자신의 저술들을 금서(禁書)로 낙인찍는 매우 위급한 상황에 처하게 되었다. 그래서 새롭게 발전하는 스웨덴 크리스티나 여왕이 철학에 관한 자문을 요청하자 1649년 스웨덴으로 이주해 활동했다. 그러나 추운 날씨에 새벽 5시에 철학을 가르쳐야 했었기에 폐렴에 걸려 비교적 젊은 나이인 54세에 죽었다.

그의 주요 저술로는 이 책 이외에 『제1철학에 대한 성찰』(*Meditationes de prima philosophia*, 1641), 『철학의 원리』(*Principia philosophiae*, 1644), 『정념론』(*Les passions de l'âme*, 1649) 등이 있다. 『인간론』(*Traité de l'homme*, 1664), 『정신지도를 위한 규칙들』(*Regulae ad directinem ingenii*, 1701) 등은 그의 사후에 출간되었다.

2.

데카르트는 좋은 정신 혹은 올바른 이성이 모든 사람에게 태어나면서부터 동등하게 주어졌지만(본유관념), 이것만으로는 인간을 인간답게 만드는 데 충분치 않다고 판단하기 때문에, 그 능력을 잘 사용할 수 있는 방법의 중요성을 강조했다. 그는 자신의 철학에 대한 입문서이자 대표적 저술인 이 『방법서설』에서 이성을 잘 이끌기 위해 자신이 세운 규칙들로 진리탐구의 길에서 일정한 성과와 진보를 이룩했음을 밝히고 있는데, 그 예로 대수학과 기하학의 장점을 종합하고 결점을 상호 보완해서 창안한 해석기하학(解析幾何學)을 들 수 있다.

그러나 그는 여기에서 이러한 방법을 완결된 모습으로

독자들에게 일방적으로 가르치려는 것이 아니라, 자신이 걸어온 길을 생생하게 보여주고 논의를 일반인에게 밝힘으로써 부단히 자신을 비판하고 극복할 수 있는 새로운 수단과 발판으로 삼았다. 그가 이 책을 당시 학계의 공용어인 라틴어가 아니라 획기적으로 프랑스어로 썼던 의도 역시 자신의 주장의 타당성을 전통적 권위보다 타고난 자연적 이성에 호소하고 싶었고, 또 독자들도 이러한 입장에서 판단해 줄 것을 기대했기 때문이다.

그가 진리탐구에 이르는 길에서 세운 규칙은 다음의 네 가지이다.

첫째, 속단과 편견을 경계하며, 조금도 의심할 여지가 없을 정도로 명석하고 판명하게(clara et distincta) 나의 정신에 나타나는 것 이외에 어떤 것에 대해서도 판단을 내리지 말 것.

둘째, 검토해야 할 어려움들을 각각 잘 해결할 수 있도록 가능한 한 작은 부분으로 나눌 것.

셋째, 생각들을 순서에 따라 이끌어갈 것, 즉 가장 단순하고 가장 알기 쉬운 것에서 출발해, 마치 계단을 올라가듯, 조금씩 올라가 가장 복잡한 것의 인식에까지 이를 것.

넷째, 빠트린 것이 전혀 없다고 확신할 정도로 항상 완벽한 열거와 전체적 검토를 할 것.

이와 같은 규칙에 따라 그는 절대적으로 확실한 인식의 출발점(목적)을 찾아 '방법적 회의'를 수행했다. 그래서 실생활에서는 매우 불확실해도 온건하고 사려 깊게 살려면 받아들여야 하지만, 진리 탐구에서는 조금이라도 의심할 수 있는 것은 거짓으로 간주할 수밖에 없다. 그러므로 감각적인 것과 일반적인 것, 심지어 기하학적 논증이나 수와 시간·공간 등 보편적인 것까지도 이른바 '꿈의 환영(幻影)'이나 '악마의 유혹'으로 가정해 모든 것을 의심할 수 있지만, 그럼에도 의심하고 있는 자신의 존재, 즉 '나는 생각한다. 그러므로 나는 존재한다(cogito ergo sum)' 혹은 '생각하는 나는 존재한다(cogitans sum)'는 사실은 더 이상 의심할 수 없는 확실한 원리(제1원리)이며, 이와 같이 명석하게 판명되고 직관되고 인식된 정합적 연역체계를 모두 진리로 파악했다(제2원리).

그는 이러한 진리의 체계가 어떤 경우에도 인간을 속이지 않는 성실한 무한실체인 신(神)에 의해 보증되며, 유한실체에는 생각하며 느끼는 마음인 사유실체(res cogitans)와 일정한 크기를 지닌 물체인 연장실체(res extensa)가 있는데, 이 둘은 서로 어떠한 영향을 미치지 않는다는 물심평행(物心平行) 이원론을 주장했다. 더 나아가 그는 인간에게 이 둘의 긴밀한 상호작용이 일어나는 현상을 구체적으로 밝히려고 자연학뿐만 아니라 심장의 운동 및 정신의 특성을 연구했는데, 이 과정에서 피가 몸을 순환하는 데 8분이 걸린다는 사실을 발견하기도 했다.

3.
데카르트는 진리의 기준을 감각적 경험이 아니라 자의식의 확실성에서 찾고 이것으로부터 기하학적 방법으로 연역하는 합리론을 정초했다.

스피노자(B. Spinoza)는 실체는 신(神)뿐이며, 그 무한한 속성들 가운데 유한한 인간이 파악할 수 있는 것은 마음과 물체뿐이고, 모든 사물은 이 실체의 다양한 양상이므로 신은 곧 자연(Deus sive Natura), 즉 신은 '만드는 자연'이고 모든 사물은 '만들어진 자연'이라고 범신론적 일원론을 주장했다.

라이프니츠(G.W. Leibniz)는 실체는 정신적 원자인 모나드(Monade)인데, 그 자체로 완벽하기 때문에 서로 영향을 받지 않는 '창(窓)이 없는 상태'이지만, 우주 전체를 반영하는 이것들이 서로 충돌하지 않고 전체적으로 통일된 체계를 이루고 있는 것은 이 세계를 완전한 상태로 창조한 신의 예정조화 때문이라고 주장했다.

또한 데카르트는 생각하는 주체(cogito)인 자아(ego)를 마음(mens), 영혼(animus) 혹은 지성(intellectus)으로 규정하고 이것을 객관적 자연과학의 방법으로 탐구함으로써 경험론의 인식론, 특히 로크(J. Locke)와 흄(D. Hume)이 몰두한 연상(聯想)심리학에 결정적인 영향을 주었다.

이러한 관점에서 보면 데카르트는 당연히 '근대의 합리론뿐 아니라 경험론의 창시자'이다. 그러나 그의 논의 속에는 스콜라철학의 개념과 용어, 신의 존재증명 등의 문제가 여전히 남아 있기 때문에 '마지막 중세인인 동시에 최초의 근대인'이라고 부르기도 한다.

서로마제국이 멸망한 이래 중세의 유럽은 여러 갈래의 종족들이 각기 다양한 언어를 사용하면서 생활하면서도 라틴어와 가톨릭교회를 중심으로 일정한 통일체를 유지해 왔다. 그런데 단테(Dante)로부터 페트라르카(Petrarca)와 보카치오(Boccaccio)를 거쳐 이탈리어어로 작품을 발표하면서 시작된 문예부흥운동은 인본주의를 탄생시켰다. 이 인본주의는 에라스무스(Erasmus)와 토마스 무어(Thomas More)를 통해 그리고 성서가 각국의 언어로 번역되어 전파되면서, 민족문학과 민족의식을 고취시켜 가톨릭교회가 주도한 중앙집권체제를 허물고 민족국가를 형성하는 데 이바지하였다. 데카르트의 철학은 이러한 중세의 봉건사회에서 완전히 벗어나 보편적 이성이 지배하는 기하학적 방법에 의한 근대의 자연과학적 세계관이 형성되는 데 결정적인 역할을 했다.

또한 데카르트의 철학은 17세기 실증적인 기계론적 유물론과 결합되어 계몽주의운동이 활발하게 전개되는 기폭제가 되었다. 더구나 '이성적인 것만 존재한다'는 그의 사상은 '이성에 맞지 않는 것은 존재할 가치가 없다'로 전환되면서, 불합리한 구제도(ancien règime) 전체를 급진적으로 타파하려는 프랑스대혁명의 사상적 길잡이가 되었다.

이렇듯 교회의 권위가 지배하던 시대를 확실하게 매듭짓고 개인의 이성이 이끌어가는 시대를 활짝 연 데카르트의 철학은 근대의 과학과 철학뿐만 아니라 문화 전반에 걸쳐 엄청난 영향을 주었을 뿐만 아니라, 현대에도 심신 문제(mind-body problem) 등 서양사상 전반에 걸쳐 생생한 역사적 전통으로 이어지고 있다.

4.

학문과 일상적 삶에서 확실한 토대를 찾을 목적 아래 방법적 회의를 철저히 수행했던 데카르트의 철학은 이『방법서설』에 집약적으로 일목요연하게 드러나 있다. 어떠한 전통이나 권위에도 얽매이지 않고 스스로 주어진 이성을 활용해서 생각한 것을 실마리로 자연의 빛이 밝혀주는 진리탐구에 나섰던 그의 진지한 철학적 자세는 과학과 예술의 영역뿐만 아니라 일상생활에서도 다른 사람의 이야기는 들으려고조차 않는 독단적 편견과 생각하는 것을 완전히 잊어버린 듯한 관습적 매너리즘에 빠져버린 결과 새로운 것은 보지도 찾지도 못하는 현대의 우리가 '어떻게 생각하고 살아야만 하는지'를 근본적으로 반성하게 만든다.

또한 오직 이성에 따라서만 독자적으로 생각하고 판단할 것을 역설한 그의 철학은 다음과 같은 근본적 반성을 준엄하게 촉구하고 있다. 즉, 속단과 편견을 경계해야 할 합리성뿐만 아니라 자신이 신중하게 선택하고 결정하며 그 결과에 대해 철저하게 책임지는 인격적 주체는 흔적도 없이 사라진 채, 피상적인 외래사상과 물질문명에 휩쓸려 모두가 갈팡질팡하는 와중에 전근대적인 사고방식과 다양한 형태의 폭력들이 곳곳에 판치기 때문에 스스로를 돌아보기에는 너무 부끄러운 우리 사회가 '앞으로 어떻게 살아갈 것인지'를 단적으로 제시해주고 있다.

그렇지만 사유실체인 마음과 연장실체인 물체가 극명하게 분리되기 시작한 그의 물심평행 이원론은 다음과 같은 측면에서 반드시 비판적으로 철저히 음미해볼 필요가 있다.

첫째, 인간의 마음도 객관적 자연과학의 방법으로 탐구하는 근대 경험론의 심리학에서부터 행동주의 심리학에 이르는 실증적 심리학이 정작 인격의 주체이자 가치의 담지자인 인간의 심리조차 제대로 파악할 수 없게 되었다는 측면이다.

둘째, 현대의 심각한 환경 위기상황에서 제기되는 문제, 즉 현대인이 주관(인간)과 객관(자연)을 극단적으로 분리시키고 그 가운데 우월한 것이 열등한 것을 지배하는 것은 당연하다고 간주하는 편협한 집단이기주의의 인간중심적 자연관이 형성된 출발점이라는 측면이다.

차례

제1부

학문들에 대한 고찰

좋은 정신(올바른 이성)은, 우연한 성질들의 차이를 제외하고는, 모든 사람이 본성상 동등하게 지니고 태어났다.

　　그러나 인간을 인간답게 만드는 이 좋은 정신이 주어져 있는 것만으로는 부족하기 때문에 이 능력을 잘 활용할 수 있는 방법이 중요하다.

　　그런데 아무리 좋은 정신이라도 자신의 믿음과는 달리 잘못 생각할 수도 있으므로 항상 의심해볼 필요가 있다.

　　학교에서 언어, 역사, 시/웅변, 수학, 도덕, 신학, 철학(수사학), 법학, 의학 등 여러 가지 인문학을 배웠지만, 배울수록 더 많은 의심들과 오류들의 혼란 속에 빠졌다.

　　이러한 학문들은 확신을 주는 것이 전혀 없었으나, 다양한 견해들과 방식들이 나름대로 다 가치가 있다는 점과 소박한 일상적 확신이 전부가 아니라는 점을 깨달았다.

　　그 결과 자연의 빛(이성의 소리)을 막는 수많은 오류들로부터 점차 해방되었다.

　　그래서 세상이라는 책을 통해 경험을 쌓은 다음, 나 자신 속에서 연구하고 내가 걸어가야 할 길을 선택하는 데 전심전력을 기울였다.

DISCOURS
DE LA METHODE
Pour bien conduire fa raifon, & chercher
la verité dans les fciences.
PLUS
LA DIOPTRIQVE.
LES METEORES.
ET
LA GEOMETRIE.
Qui font des effais de cete METHODE.

A LEYDE
De l'Imprimerie de IAN MAIRE.
CIƆIƆC XXXVII.
Auec Priuilege.

이 책이 1637년 발행된 초판의 표지

　'좋은 정신'(bona mens)은 세상에 모든 것 가운데 가장 공평하게 분배되어 있다. 누구나 좋은 정신을 충분히 갖고 있다고 생각하며, 다른 모든 일에 좀처럼 만족할 줄 모르는 사람조차도 보통은 자신이 이미 가진 것보다 더 많이 갖기를 바라지 않기 때문이다. 이러한 점에서 모든 사람이 잘못 생각한다고 볼 수는 없다. 오히려 이것은 제대로 판단하고 참과 거짓을 구별하는 능력, 일반적으로 좋은 정신 혹은 '올바른 이성'(ratio recta)이라고 부르는 능력이 모든 사람이 태어나면서부터 동등하다는 점을 보여준다. 또한 우리가 서로 다른 견해를 갖는 것은 어떤 사람이 다른 사람보다 이성을 더 많이 갖기 때문이 아니라, 서로 다른 길을 따라 생각하고 동일한 사물을 고찰하지 않기 때문이라는 점을 보여준다. 요컨대 좋은 정신을 지닌 것만으로는 충분치 않고, 이것을 잘 활용하는 것이 중요하다. 위대한 영혼의 소유자는 엄청난 선행뿐만 아니라 엄청난 악행도 할 수 있고, 천천히 걷는 사람도, 곧은 길을 따라간다면, 뛰어가지만 곧은길에서 벗어난 사람보다 훨씬 더 전진해나갈 수 있다.[1]

---

1) 이처럼 데카르트는, 올바른 이성(좋은 정신)이 모든 사람에게 주어져 있다는 것만으로는 인간이 인간답게 사는 데 부족하다고 파악하기 때문에, 이 능력을 잘 활용할 수 있는 방법이 중요한 문제라고 강조한다. 그리고 가장 단순하고 알기 쉬운 것으로부터 일정한 순서에 따라 한 걸음씩 확실하게 올라가는, 또는 천천히 걷지만 곧은길을 따라가려는 방법은 이 책뿐만 아니라 데카르트 철학 전반의 두드러진 특성이다. 이렇게 오직 이성에 따라서만 독자적으로 생각하고 판단할 것을 역설한 그의 철학은 단순히 이성을 중시한 합리론에 그치지 않고 중세의 낡은 사고방식과 세계관을 탈피해 새로운 근대세계를 힘차게 여는 전환점이 되었다.

나 자신은 내 정신이 보통 사람들의 정신보다 어떤 점에서이든 더 완전하다고 결코 생각해 본 적이 없다. 오히려 다른 어떤 사람들만큼이나 민첩한 생각, 빈틈없이 선명한 상상력, 풍부하고 생생한 기억력을 가졌다면 좋겠다고 가끔 간절히 원했다. 나는 이러한 것들 이외에 정신을 완전하게 해주는 어떤 성질도 알지 못한다. 왜냐하면 올바른 이성, 즉 좋은 정신만이 우리를 인간으로 만들어주고 짐승과 구별해주는 유일한 것이므로, 그것이 모든 사람에게 온전히 갖추어졌다고 기꺼이 믿고 싶고, 이러한 점에서 [스콜라]철학자들의 일반적 견해인 동일한 '종(種)'의 '개체들'은 오직 '우연한 성질들'에서만 다소의 차이가 있을 뿐이지, '형상(形相)들' 혹은 '본성(本性)들'에서는 아무런 차이도 없다는 견해[2]를 따르고 싶기 때문이다.

그러나 나는 청년시절부터 운이 아주 좋았다고 감히 말할 수 있다. 즉 그때 나는 어떤 오솔길을 따라가게 되었는데, 이 길은 나를 몇 가지 고찰들과 격률(格率)들로 이끌었

---

2) 아리스토텔레스의 논리학에 의하면, 정의(定義)는 '최근류(最近類) + 종차(種差)'이다. 예를 들어 인간은 '동물 + 이성적', 즉 '이성적 동물'로 정의된다. '종차'는 '최근류'에 속하는 다른 종들과 구별되는 본질적 속성(징표)이다. 그리고 동일한 종 가운데, 가령 어떤 인간은 민첩하고 어떤 인간은 둔한 경우와 같이, 서로 구별되는 특성은 우연적 속성(징표)이다.

고, 이것들로부터 나는 하나의 방법(methodus)[3]을 만들어내게 되었다. 이 방법을 통해 내 지식은 점차 늘어나고 조금씩 높아졌기 때문에, 나는 나의 평범한 정신과 오래 지속되지 않을 생애만으로도 결국에는 가능한 정점(頂點)까지 도달할 수 있을 것 같았다. 이 방법으로 이미 많은 성과를 거두었기 때문이다. 더구나 비록 내가 나 자신에 대해 항상 거만하기보다 겸손하게 판단하려고 노력하더라도, 비록 철학자의 눈으로 모든 사람의 다양한 행위들과 활동들을 보면 헛되고 쓸데없다고 느끼지 않는 것은 거의 발견되지 않더라도, 진리탐구에서 내가 이미 성취했다고 여기는 진보에 대해 극도로 만족하지 않을 수 없고, 또 완전히 인간의 힘만으로 할 수 있는 일들 가운데 특별히 뛰어나고 중요한 것이 있다면 바로 내가 선택했던 것이라고 감히 믿을 정도로까지 미래에 대해 극도로 만족할 만한 희망을 품지 않을 수 없기 때문이다.

물론 내가 혹시 잘못 생각할 수도 있을 것이다. [처음에] 금이나 다이아몬드로 생각한 것이 아마 구리나 유리 조각에 지나지 않을 수도 있다. 나는 우리 자신에 관한 어떤 일에서도 우리가 얼마나 자주 잘못 생각하고 있으

---

3) 이 말은 그리스어 어원(meta + hodos)상 '무엇을 얻기 위한 길 혹은 절차'로서, 자체 속에 이미 어떤 목적을 포함하고 있다.

며, 우리의 친구들이 우리를 좋게 여길 때 그들이 내린 판단을 얼마나 의심해야만 하는지도 잘 안다. 그러나 나는 이 서설(序說)에서 내가 걸어왔던 오솔길이 어떤 것인지 보여주고, 내 삶을 마치 한 폭의 그림처럼 그려내 모든 사람이 이에 대해 스스로 판단할 수 있도록 하겠다. 그래서 이러한 공동의 논의를 통해 다른 사람들의 의견을 알게 되면, 이것을 나 자신을 가르칠 새로운 수단으로 간주해 지금까지 사용해왔던 수단들에 포함시킬 것이다.

그러므로 이 서설에서 내가 시도한 의도는 자신의 이성을 잘 이끌어가기 위해 각자가 따라야 할 방법을 가르치려는 것이 아니라, 단지 내가 어떻게 나 자신의 이성을 이끌어가려고 노력했는지를 보여주는 것이다. 교훈을 주려는 사람들은 그 교훈을 받는 사람들보다 더 유능하다고 생각해야만 하며, 그래서 그들은 만약 사소한 실수를 범한다면 당연히 이에 대해 비난을 받아야만 한다. 그러나 나는 이 시론(試論)을, 본받을 만한 것도 있지만 또 본받지 않는 것이 아마 더 좋을 다른 많은 것들도 있는, 하나의 이야기로서, 혹은 독자들이 더 원하는 표현이라면, 하나의 우화(寓話)로서 제시한다. 따라서 이 시론이 어떤 사람에게는 유익하지만 그렇다고 해도 누구에게도 해를 끼치지 않기를, 또 모든 사람이 나의 이러한 솔직함에 대해

네덜란드의 화가 프란스 할스(Frans Hals, 1580~1666)가 1648년에 그린 데카르트의 초상화

고맙게 여겨주기를 바란다.

나는 어려서부터 여러 가지 인문학들4)을 배워왔다. 이 인문학들을 통해 삶에 유용한 모든 것에 대해 분명하고

---

4) 그 당시 학교에서는 일반적으로 문법 · 역사 · 시 · 수사학을 가르쳤다.

확실한 지식을 얻을 수 있다고 줄곧 들어왔기 때문에 열심히 배울 것을 극도로 열망했다. 그러나 배우는 과정을 모두 끝마치고 다른 사람들처럼 학자의 대열에 끼어들게 되자마자, 나는 그러한 생각을 완전히 바꾸었다. 배우면 배울수록 더욱 더 내가 무지(無知)하다는 사실만 발견할 뿐이지 어떤 소득도 없었다고 느끼게 될 정도로 많은 의심들과 오류들로 혼란 속에 빠져들었기 때문이다. 그런데 나는 이제껏 유럽에서 가장 유명한 학교들 가운데 하나인 학교에서 배웠는데5), 만약 이 세상 어디엔가 학문에 조예가 깊은 학자가 있다면 바로 이 학교에 있다고 생각했었다. 나는 여기서 다른 사람들이 배우는 것 모두를 배웠다. 더구나 학교에서 배운 학문들에 만족하지 않고 아주 기이하고 진귀한 학문들6)을 다룬 책들을 입수하는 대로 모두 샅샅이 읽어 보았다. 이렇기 때문에 다른 사람들이 나를 어떻게 평가하는지도 잘 알고 있었다. 그리고 비록 동료 학생들 가운데 몇 사람은 우리를 가르친 선생님의 후임자로 이미 정해져 있더라도, 나는 사람들이 나를 이들보다 낮게 평가한다고는 생각하지 않았다. 끝으로 우리 시대는 과거의 어떤 시대보다 화려한 시대이며, 위대

---

5) 데카르트는 예수회 교단이 세운 신학교 라 플레슈(La Flèche)에 1606년 입학해 1614년 졸업했다.
6) 이것은 동방에서 전해진 연금술 · 점성술 · 마술 등을 뜻한다.

데카르트가 졸업한 라 플레슈 학교가 1616년 발행한 학위증

한 지성[인]도 풍부한 시대라고 생각했다. 그래서 나는 나 혼자서 다른 모든 것을 판단할 자유를 얻었고, 또 사람들이 이전에 내가 확실하다고 믿게끔 이끌었던 어떤 학설도 이 세상에 아직 존재하지 않는다고 결론을 내릴 자유를 얻었다.

그렇다고 나는 학교에서 가르치는 과목들을 하찮게 여기지는 않았다. 학교에서 배운 언어들은 모든 고전(古典)을 이해하는 데 필요하고, 재미있는 우화는 정신을 일깨워주며, 역사에서 기억할 만한 사건들은 정신을 고양시킬 뿐만 아니라 [역사책을] 신중하게 읽으면 온건한 판단력을 형성하도록 도와준다는 것을 잘 알고 있었다. 모든 좋은 책을 읽는 것은 그 책을 지은 과거의 지성[인]과 사실 그대로 나누는 대화, 아니 그들의 사상 가운데 가장 좋은 것만을 우리에게 드러내주는 세련된 대화와 거의 같은 것이며, 웅변에는 비교할 수 없는 강렬한 힘과 아름다움이 있고, 시(詩)에는 가장 황홀한 우아함과 달콤함이 있다는 것을 잘 알고 있었다. 또한 수학은 지극히 미묘한 발견들과 고안(考案)들로 지적 호기심이 강한 사람들을 만족시킬 뿐만 아니라 모든 기술(技術)을 촉진시키고 인간의 힘든 노동을 줄여주는 데 크게 기여하고, 도덕을 다루는 책들은 매우 유익한 교훈들과 덕(德)에 관한 권유들을 포함하며, 신학은 천국에 이르는 길을 가리켜주고, 철학7)은 모든 것에 대해 그럴듯하게 이야기하는 수단을 또 학식이 낮은 사람들로부터 감탄을 받는 수단을 제공해주며, 법학과 의학 및 그 밖의 학문들은 그것을 연구하는 사람들에게 명예와 부를 가져다준다는 것을 잘 알고 있었다. 그리고 끝

---

7) 여기서 철학은 일반적 의미의 철학이 아니라 수사학(Rhetoric)을 뜻한다.

으로 가장 미신과 거짓으로 가득 찬 학문들조차 우리가
그 정당한 가치를 인식하고 또 그러한 학문들에 기만을
당하지 않도록 조심하기 위해 이 모든 학문을 검토했던
것은 좋은 일이라는 것을 나는 잘 알고 있었다.

어쨌든 나는 언어들을 공부하고 고전들을 읽으며 이
책들 속에 있는 역사와 우화를 익히는 데 이미 많은 시간
을 쏟았다고 생각했다. 다른 시대의 사람들과 대화하는
것은 여행을 하는 것과 거의 같기 때문이다. 다른 민족들
의 관습을 조금이라도 아는 것은 우리 자신의 관습을 보
다 건전하게 판단하는 데 좋으며, 아무것도 보지 못했던
사람들이 흔히 생각하듯이, 우리의 생활양식에 어긋난 것
은 모두 어리석고 불합리하다고 생각하지 않는 데도 좋
다. 하지만 여행을 하는 데 시간을 너무 많이 쓰면 자기
나라의 사정에 어두워지게 되고, 또 과거에 일어났던 일
들에 너무 호기심을 가지면 현재에 일어나는 일들을 대
체로 모르게 된다. 더구나 우화들은 전혀 가능하지도 않
는 많은 일들이 가능한 듯이 상상하게 만든다. 그리고 충
실한 역사책조차도, 보다 읽을 만한 책들로 만들기 위해
사태의 본질을 정확하게 전달하거나 과장하지는 않더라
도, 적어도 비교적 너절하고 사소한 상황은 거의 빼버리
는 것이 보통이며, 그래서 나머지 부분들도 사실대로 생

생하게 묘사되지는 않는다. 따라서 이러한 자료로부터 본받을 교훈을 이끌어내 자신의 행동을 다스리려고 하는 사람들은 그 소설 속의 기사(騎士)[8]처럼 엉뚱한 짓을 일삼고, 자신의 힘이 미치지도 못하는 일을 꿈꾸기 일쑤다.

나는 웅변을 무척 존중했고 시를 굉장히 좋아했다. 그러나 이 두 가지는 연구의 산물이라기보다 정신의 타고난 재능이라고 생각했다. 그런데 가장 강력한 추리력으로 자신의 생각을 분명하고 이해하기 쉽게 만들기 위해 그 생각을 매우 능숙하게 전개하는 사람은, 비록 브르타뉴 지방[9]의 사투리밖에 말할 줄 모르고 또 수사학(修辭學)을 배운 적이 전혀 없더라도, 언제나 자신의 주장을 가장 잘 납득시킬 수 있다. 또한 아주 매력적인 착상을 매우 우아하고 고상한 말로 표현할 줄 아는 사람은, 시학(詩學)을 전혀 모르더라도, 가장 훌륭한 시인이 되는 데에 어떠한 부족함도 없을 것이다.

나는 무엇보다도 수학을 좋아했는데, 그 논증의 확실성과 추론의 명증성 때문이었다. 그러나 당시에는 아직 수학의 참된 사용법을 깨닫지 못했었다. 또한 수학이 기계

---

8) 이것은 세르반테스(M. Cervantes)의 『돈키호테』(*Don Quixote*)에 나오는 주인공을 가리키는 것으로 보인다.
9) 브르타뉴(Bretagne)는 프랑스 중심부에서 서쪽으로 멀리 떨어진 대서양 연안 지방을 일컫는 지명이다.

적 역학(力學)에만 응용되고 있던 것을 보고, '그 기초가 매우 확고하고 견실함에도 불구하고 왜 아무도 이제까지 그 위에 더 높은 건물[체계]을 세우지 않았을까?' 하고 의아하게 생각했다. 다른 한편으로 나는 도덕을 다룬 고대 이교도들[스토아학파]의 저서를 아주 화려하고 웅장하지만 모래와 진흙 위에 세워진 궁전에 비교했다. 그들은 덕(德)을 매우 찬양하고 세상에서 가장 가치 있는 것으로 보지만, 덕이 어떻게 인식될 수 있는지에 대해 우리에게 충분히 가르쳐주지 않으며, 그들이 덕이라는 고상한 이름으로 부르는 것도 종종 냉혹함이나 교만, 절망이나 친족 살해에 지나지 않는다.10)

나는 우리의 신학을 존중했고, 다른 어떤 사람만큼이나 천국에 이르기를 열망했다. 그러나 천국에 이르는 길은 가장 유식한 사람들 못지않게 가장 무식한 사람들에게도 열려 있다는 것과 또 천국으로 인도하는 계시된 진리들을 우리의 지성으로는 결코 이해할 수 없다는 것을 확실히 깨달은 다음에는, 그 진리들을 나의 빈약한 추리력으

---

10) 스토아학파에 대한 데카르트의 이와 같은 평가는, 거역할 수 없는 필연적 운명인 자연의 섭리(lex naturalis)를 이성에 의해 통찰하고 감수하며 따르기 위해 모든 욕망으로부터 초연한 무감동(apatheia)의 상태가 최고의 행복이라고 파악한 스토아철학자들이 삶의 기본적 의욕조차 상실한 냉소적 태도로 현실에 권태를 느끼고 허무주의에 빠져 대부분 자살했던 데서 찾을 수 있다.

로 감히 포착하려고 하지 않았고, 그 진리들을 포착하는 데 성공하고 검토하는 데 착수하려면 하늘로부터 어떤 특별한 도움[은총]을 받아야 하고, 또 우리는 인간 이상이 되어야 한다고 생각했다.

철학에 관해서는 다음과 같은 것만 말하겠다. 즉 오랜 세월에 걸쳐 가장 뛰어난 정신을 가진 사람들에 의해 연구되어왔음에도 불구하고, 논쟁의 여지가 없고 그래서 의심의 여지가 없는 것은 하나도 없음을 발견하고, 내가 다른 사람들보다 철학을 더 잘 할 수 있을 것이라고 주제넘게 기대하지 않았다. 그리고 똑같은 문제에는 참된 의견이 한 가지만 있을 텐데, 실제로 학자들이 서로 대립된 아주 많은 의견들을 주장하고 있음을 보고, 나는 단지 그럴듯하게 보이는 모든 것을 대부분 거짓으로 간주했다.

그리고 그 밖에 다른 학문들에 관해서는, 이 학문들이 그들의 원리를 철학에서 끌어오기 때문에 나는 이처럼 어설픈 기초 위에서는 견고한 어떤 것도 결코 세울 수 없다고 판단했다. 그리고 이 학문들이 가져다줄 어떤 명예나 이득도 그것들에 전념하도록 내 마음을 움직이는 데 충분하지 않았다. 다행스럽게도 나는 내 재산을 늘리기 위해 이러한 학문을 직업으로 삼아야만 할 만큼 어려운 여건에 처했다고 느끼지 않았기 때문이다. 또한 나는 견유학파[1]

처럼 명예를 경멸하는 체 하지도 않았지만, 하물며 받을 자격이 없기 때문에 받기를 기대할 수도 없는 명예를 아주 대수롭지 않게 여겼다. 끝으로 그릇된 학설에 관해서는, 나는 이미 그 정체를 충분히 잘 알고 있기 때문에 연금술사의 약속이나 점성술사의 예언에도, 마술사의 속임수에도, 알지도 못하는 것을 안다고 떠들어대는 어느 누구의 농간이나 허풍에도 속지 않게 되었다고 생각했다.

따라서 나는 스승들의 감독으로부터 해방될 나이가 되자 학교공부를 아예 집어치웠다.12) 그리고 나 자신 속에서 혹은 적어도 세상이라는 커다란 책 속에서 발견할 수 있는 학문 이외에 어떤 학문도 찾지 않겠다고 결심했다. 그래서 남은 청년시절을 여행하는 데, 여러 곳의 궁전과 군대를 보며 다양한 기질과 신분을 가진 사람들을 방문해 갖가지 경험을 쌓는 데,13) 운명이 나에게 정해주는 다

---

11) 견유학파(cynicism)라는 명칭은 디오게네스(Diogenes)가 육체적 욕망을 최소화함으로써 스스로 만족한 삶을 추구해 '개처럼 살았다 (kynikos bios)'는 데 유래한다. 그래서 'cynical'은 '현실에 대해 냉소적'이라는 뜻을 포함한다. 이러한 입장은 스토아학파의 금욕주의에 직접 영향을 주었다.

12) 이것은 데카르트가 라 플레쉬 학교를 졸업한 후 푸아티에(Poitiers) 대학에 입학해 법학과 의학을 공부해 법학사 학위를 받은 1616년 이후를 뜻한다.

13) 데카르트는 '세상이라는 커다란 책'을 접하고자 1616년부터 여러 나라로 여행하기 시작했으며, 1618년 네덜란드의 군대(Maurice de Nassau)에 복무하며 베크만(I. Beekman)으로부터 음악·수학·자연학을 배웠고, 1619년에는 개신교와 가톨릭 사이에 전면적 전쟁(이

양한 사건들에서 나 자신을 시험하는 데, 모든 상황에서 내가 직면하게 된 경험으로부터 어떤 이득을 얻을 수 있는지 반성하는 데 보냈다. 왜냐하면 학자는 서재에서 하는 추리보다는 각자 자신이 관여하고 있는 일에 관한 추리 속에서, 만약 잘못된 판단을 내리면 그 즉시 그에 대한 벌을 받게 될 일에 관한 추리 속에서 더 많은 진리를 찾아낼 수 있다고 생각했기 때문이다. [요컨대] 학자가 하는 사색은 어떤 성과도 이끌어내지 못하는 것이며, 그 사색이 상식에서 벗어나면 날수록 그럴듯하게 보이려고 애쓰는 가운데 그만큼 더 재간과 기교를 부리기 때문에 단지 허영심을 만족시키는 것 이외에 다른 어떤 결과도 얻을 수 없는 것이다. 그리고 나는 나의 행동을 직접 분명하게 살펴보고 또 이러한 삶을 확신을 갖고 걸어가기 위해 참된 것을 거짓된 것으로부터 구별할 수 있기를 항상 극도로 갈망했다.

　그런데 내가 다른 사람들이 살아가는 방식을 오직 살펴보기만 하는 동안 나에게 확신을 심어주는 것은 전혀 없었다. 그리고 앞에서 말한 바대로 철학자들의 견해에

른바 '30년 전쟁')이 일어났다는 소식을 듣고 독일의 가톨릭 군대(Bayern)에 근무했는데, 그해 11월 10일 울름(Ulm) 근교의 작은 마을에서 다음의 제2부에서 서술하는 방법의 주요 규칙들에 대한 착상을 하게 되었다.

큰 차이가 있듯이, 다른 사람들이 살아가는 방식도 아주 다양하다는 사실을 알게 되었다. 그래서 내가 이러한 사실로부터 얻은 가장 큰 소득은, 우리에게는 아주 엉뚱하고 어리석은 것처럼 보여도 다른 유명한 나라 사람들에게는 여전히 일반적으로 받아들여지고 인정되는 것이 많다는 점과, [어떤] 사례와 관습을 통해서만 확신하게 된 것을 너무 굳게 믿어서는 안 된다고 깨달은 점이다. 이렇게 해서 나는 우리가 자연의 빛을 제대로 볼 수 없게 만들고 이성의 소리를 잘 듣지 못하게 막는 수많은 오류들로부터 점차 해방되었다. 그러나 이 세상이라는 책을 통해 이렇게 공부하고 어느 정도 경험을 쌓는 데 몇 년을 보낸 후 어느 날 나는 나 자신 속에서 연구하고, 내가 걸어가야 할 길을 선택하는 데 내 정신의 모든 힘을 기울이겠다고 결심했다. [그리고] 나는 조국을 떠나지 않았을 때보다, 또 책들을 멀리하지 않았을 때보다 이러한 일을 더 잘 해낼 수 있을 것같이 여겼다.

1. 데카르트는 인간은 우연한 성질들의 차이를 제외하고는
   모두 좋은 정신 혹은 올바른 이성을 동등하게 지닌다고
   한다. 본인도 그렇게 생각하는가? 우연한 성질들의 차이
   는 무엇을 뜻하는지 구체적인 예를 들어보자.

2. 아무리 충실한 책(특히 역사책)이라도 완벽하게 참인 것
   은 없다. 무엇 때문에 그러한가?

3. 우리가 일반적으로 말하는 '책'과 데카르트가 이야기한
   '세상이라는 커다란 책'은 각기 어떤 특징과 차이가 있
   는가?

제2부

방법의 주요 규칙들

오랜 세월에 걸쳐 여러 사람이 덧붙여 만든 것보다 어떤 사람 혼자 계획해 만든 것이 더 질서가 있으며 완전하다.

국가, 학문, 학교의 체계를 송두리째 뒤집어엎는 개혁은 부당하지만, 개인적 견해는 과거의 견해들을 일단 완전히 제거한 다음 합리적 견해를 받아들이는 것이 옳다.

진리는 대부분 어떤 개인에 의해 발견되기 때문에 많은 사람들이 동의하는 것이라고 이것이 곧 그 진리성을 증명해 주는 것은 아니다.

확실한 인식을 추구할 수 있는 방법은 진부하고 복잡한 규칙들로 구성된 논리학, 매우 추상적이며 상상력을 고갈시키는 고대의 해석학, 애매모호한 기술로 전락한 근대의 대수학으로는 부족하기 때문에 다음과 같은 규칙만 엄격하게 지키면 된다.

첫째, 명석하고 판명하게 인식한 것만 참으로 받아들일 것.

둘째, 정확하게 검토할 수 있도록 가능한 한 분석할 것.

셋째, 가장 단순하고 알기 쉬운 것부터 적절한 순서에 따라 이끌어갈 것.

넷째, 관련된 사항들을 완벽하게 열거하고 전체적으로 검토해나갈 것.

그 무렵 나는 전쟁[14]이 아직 끝나지 않은 독일에 있을 수밖에 없었다. 그런데 황제의 대관식[15]을 보고 군대로 돌아오던 도중에 겨울철이라 어떤 마을에서 머물게 되었다. 그곳에는 내 마음을 산란하게 만들 이야기 상대도 없었고, 다행히 나를 괴롭힐 근심이나 걱정도 없었기 때문에, 나는 하루 종일 난로를 피워 따뜻한 방에 틀어박혀 혼자 조용히 나 자신의 생각에 잠기며 완전히 한가롭게 보내곤 했다.

내가 처음에 했던 생각들 가운데 하나는 몇 가지 재료들로 구성되고 다양한 장인(匠人)들의 손으로 만들어진 작품들은 어느 한 사람이 혼자 만들어낸 작품들보다 종종 완전성이 아주 떨어진다는 것이다. 그래서 가령 어느 한 사람의 건축가가 설계하고 완성한 건물은, 의도가 다른 목적으로 세워졌던 낡은 성벽을 이용해 많은 사람들이 적절히 덧붙이고 개조해왔던 건물보다 흔히 더 아름답고 잘 정돈되어 있다. 또한 이와 마찬가지로 처음에는 한갓 촌락에 불과했으나 세월이 흘러 거대한 도회지가 된 옛 도시들은, 한 사람의 기술자가 그 자신의 구상에

---

14) 이 30년 전쟁은 1618년부터 1648년까지 독일을 무대로 주변국들이 개신교와 가톨릭교의 대립, 왕조승계와 영토 및 통상 문제로 발생한 것이다.

15) 1619년 가톨릭교도인 보헤미아와 헝가리의 왕 페르디난트(Ferdinand) 2세는 독일의 프랑크푸르트에서 신성로마제국의 황제로 즉위했다.

자유롭게 따르면서 평지에 규칙적으로 단단히 세운 도시들과 비교해보면, 흔히 서투른 형태로 세워져 있다. 물론 그 건물들의 각각을 분리해 볼 때 새 도시의 건물 못지않게 혹은 그 이상으로 전시하는 기술을 한껏 발휘해 지은 경우도 종종 있지만, 여기저기에 큰 건물들과 작은 건물들이 아무렇게나 뒤섞여 있고, 그래서 길들이 구불구불하며 평편하지도 않기 때문에 대체로 매우 불규칙하다. 그러므로 건물들을 이와 같이 배치하도록 이끈 것은 이성에 의해 인도된 인간의 [계획된] 의도라기보다 오히려 우연의 산물이었다고 말하고 싶다.

그런데 공적(公的)으로 [도시의] 미관(美觀)을 감독하기 위해 개인들이 사적으로 소유한 건물들을 감독할 특별한 의무를 지닌 공무원들이 어느 시대에나 있었음에도 불구하고 이러한 일이 일어났다는 사실을 생각해 보면, 우리는 단지 다른 사람들이 만든 작품에다 손질만 해서는 수많은 훌륭한 것을 성취하는 일이 얼마나 어려운지 이해할 수 있을 것이다. 그래서 나는 한때 거의 야만적인 상태에 있었지만 점차 개화하면서 범죄와 싸우는 과정에서 생긴 어려움 때문에 어쩔 수 없이 법률을 만들었던 민족을 다스릴 수 있는 체계보다 애초에 공동체로 형성될 때부터 어떤 현명한 입법자가 제정한 법령을 지켜왔던 민족을 다스릴 수 있는 체제를 수립하기는 어렵다고 생각했다. 따라서 이것은 마치 오직 신(神)만이 율법을 만든 참된 종교가 다른 모든 종교보다 비교할 수 없을 정도로 질서가 잘 잡혀 있는 상태와 같은 것이다. 또한 인간에 관련된 문제로 살펴보면, 나는 옛날에 스파르타에는 아주 기이하고 미풍양속에 어긋난 법률이 매우 많았음에도 불구하고 크게 번영했던 것은 스파르타 사람이나 그 법률이 각기 뛰어났기 때문이 아니라, 오직 한 사람16)이 제정한 법률에 따라 그들 모두가 동일한 목적을 이루려고 했기 때문이라고 생각했다.

그래서 이와 마찬가지로 나는 책 속에 있는 학문들, 적어도 그럴듯한 근거만 가질 뿐이지 결코 어떤 증명도 할 수 없는 학문들은 많은 사람들이 제시한 다른 의견들로 조금씩 구성되고 축적된 것이기 때문에, 좋은 정신을 가진 어느 한 사람이 자기가 직접 부딪힌 일에 대해 아주 자연스럽게 수행할 수 있는 단순한 추리보다 더 진리에 가깝다고 생각하지는 않았다. 더구나 우리는 어른이 되기 이전에 모두 어린아이였으며, 따라서 오랫동안 자연적인

---

16) 농경국가인 스파르타는, 해상무역을 중심으로 활약한 아테네에 비해 전반적으로 뒤졌으나, 리쿠르고스(Lykourgos)의 엄격한 법률과 각종 제도의 개혁으로 강력한 군국주의 체제를 구축함으로써 비약적으로 발전하게 되었다. 가령 다른 도시국가들과 달리, 다소 불편하더라도, 철제(鐵製)화폐만을 사용하게 함으로써 절도나 약탈을 방지할 수 있었다.

로댕(A. Rodin, 1840~1917)이 1884년 조각한 〈생각하는 사람〉

욕망과 우리 스승들로부터 지배를 받지 않을 수 없었다.
그런데 이 지배들은 종종 서로 모순되며 또한 그 어떤 것
도 항상 최선의 것을 권고해주지는 않았기 때문에, 우리
가 태어날 때부터 우리의 이성을 온전히 사용하고 오직

그 이성에 의해서만 이끌려왔던 경우만큼 우리의 판단이 탁월하고 확실할 수는 결코 없다고 생각했다.

　아무튼 어떤 도시를 그저 다른 모양으로 다시 짓고 거리를 좀더 아름답게 만들기 위해 그 도시의 모든 집을 허물어버릴 수는 없는 일이다. 하지만 자신의 집을 허물고 다시 짓는 사람들이 많고, 또 집이 무너지려고 하거나 그 토대가 안전하지 않을 때는 어쩔 수 없이 집을 허물어버리고 다시 지을 수밖에 없다. 이러한 예로 미루어보아, 나는 어떤 개인이 나라를 다시 올바로 세우기 위해 모든 것을 뜯어고치거나 송두리째 뒤집어엎는 방식으로 나라를 개혁하려는 것은 부당하며, 마찬가지로 학문의 체계 전체를 개혁하거나 학교의 교육체제를 개혁하는 것도 부당하다고 생각했다. 하지만 내가 지금까지 옳다고 믿어 기꺼이 받아들인 모든 견해에 관해서는, 이것들을 한 번은 완전히 제거한 다음에 더 좋은 견해를 받아들이거나 이전과 같은 견해라 하더라도 이성의 기준에 일치하게 바로잡아 다시 받아들이는 것이 제일 좋다는 것을 알게 되었다.

　이렇게 해야만 나는 단지 낡은 토대 위에 세웠을 때보다, 혹은 [실제로] 참인지 검토해 보지도 않은 채 어린 시절부터 설득되었던 원리들에 의존했을 때보다 나의 삶을 더 잘 영위해나갈 수 있다고 굳게 확신했다. 물론 이렇게 하면 많은 어려움이 생길 것이라고 인식했지만, 이 어려움들은 극복할 수 없는 것이 아니며, 동시에 가장 사소한 공공의 일을 개혁할 때 나타나는 어려움과는 비교할 수 없을 정도로 아주 미미한 것이기 때문이다.

이렇게 거대한 공공조직체들은 일단 무너지면 다시 세우기 어렵고, 심지어 일단 흔들리기 시작하면 다시 진정시키기도 어려우며, 그러한 조직체가 붕괴되는 것은 비참한 결과를 초래할 뿐이다. 이러한 조직체들이 매우 다양하다는 점은 그 가운데 많은 경우가 불완전하다는 것을 충분히 밝혀주듯이, 그 조직체들이 지닌 불완전성들은 확실히 관습에 의해 상당히 완화되었고, 심지어 생각지도 못하고 알지도 못한 사이에 제거되었거나 수정되었는데, 이와 같은 일은 우리가 아무리 심사숙고를 하더라도 그처럼 잘할 수는 없는 일이다. 그래서 결국 그 불완전성들은 거의 언제나 공공조직체들을 변혁하는 과정보다 견딜 수 있을 만하게 된다. 이것은 마치 산과 산 사이를 구불구불 돌아가며 생긴 큰 길이 많은 사람들이 지나다니면서 점차 평탄해지고 걷기 편하게 되었기 때문에, 그 길을 따라가는 것이 바위를 기어오르고 절벽 아래로 내려가면서 좀더 곧장 가려고 하는 것보다 훨씬 더 편한 것과 같다.

따라서 나는 태어난 가문으로 보거나 나중에 얻은 사회적 신분으로 보거나 공공의 업무를 다룰 지위에 있지 않음에도 불구하고 항상 어떤 새로운 개혁을 꿈꾸는 소란스럽고 차분하지 못한 기질의 소유자를 도무지 인정할 수 없다. 그리고 만약 이처럼 터무니없이 정당화하는 것이 이 시론[책] 속에 조금이라도 있다고 생각했다면, 나는 이 책의 출판을 몹시 꺼렸을 것이다. 또한 나는 나 자신의 생각을 개혁하고 내가 전적으로 소유한 토대 위에 집을 세우려고 시도하는 것 이외에 결코 넘어선 일이 없었다. 어쨌든 나는 내가 한 일에 매우 만족하기 때문에 이 책에서 독자들에게 그 모형을 보여주지만, 그렇다고 어느 누구에게 이것을 모방하라고 권할 생각은 전혀 없다. 신의 은총을 더 많이 받은 사람은 아마 더 높은 계획을 품을 것이다. 그러나 나 자신의 계획도 많은 사람들에게는 너무나 거창하지 않은지 매우 염려된다. 이전에 옳다고 믿어 받아들였던 모든 견해를 없애버린다는 이 단순한 결심도 누구나 따를 만한 본(本)으로 간주되어서는 안 된다.

그런데 세상은 이렇게 신중하게 일을 하는 데 전혀 적합하지 않은 두 부류의 사람들로 구성되어 있다고 해도 과언이 아니다.

첫째 부류는 자신들이 실제보다 더 유능하다고 믿기 때

문에 성급하게 판단을 내리고 자신들의 생각을 질서 있게 이끌어갈 인내심이 없는 사람들이다. 그래서 이들은 자신들이 이전에 받아들였던 원리들을 의심할 수 있는 자유나 일상적인 길에서 벗어날 수 있는 자유를 일단 얻게 되면, 좀더 서둘러 가기 위해 따라가야만 할 오솔길을 계속 더 듬어갈 수 없고, 그 결과 일생 동안 길을 잃고 방황하게 된다.

둘째 부류는 참된 것을 거짓된 것으로부터 구별할 수 있는 자신들의 능력이 자신들을 가르치는 사람보다 못하다고 생각할 만큼 이성적인 혹은 겸손한[17] 사람들, 스스로 보다 나은 것을 찾기보다 차라리 자기보다 나은 사람의 견해를 따르는 데 만족하는 것이 옳다고 판단하는 사람들이다.

하지만 나의 경우에는, 스승이 한 분밖에 없었거나 가장 학문에 조예가 깊은 학자들 사이에 견해의 차이가 어느 시대나 많이 있었다는 사실을 전혀 알지 못했다면, 나는 틀림없이 둘째 부류의 사람이 되었을 것이다. 그러나 나는 아무리 기묘하고 도무지 믿을 수 없다고 하더라도 철학자들이 이미 주장하지 않은 것은 아무것도 없다는

---

17) 여기서 '이성적'은 부정적 의미로, '겸손한'은 지나치게 소극적인 의미로 사용되고 있다.

사실을 이미 학창시절부터 알았고, 게다가 그 후 여행을 다니면서 우리와 달리 느끼는 사람들도 모두 야만스럽거나 미개한 것이 아니라, 그 가운데는 많은 사람들이 우리 못지않게 혹은 심지어 우리보다 더 이성을 잘 사용하고 있다는 사실도 알았다. 더구나 어떤 동일한 인간이 어릴 적부터 프랑스인이나 독일인 사이에서 자랐다면, 가령 중국인이나 식인종 사이에서 줄곧 생활해 왔던 경우와 [비교해] 얼마나 다른 인간이 되는지 생각해 보았고, 또한 옷의 유행에서도 10년 전에 우리의 마음에 들었으며 아마 앞으로 10년이 지나기 전에 또다시 우리의 마음에 들 바로 이 동일한 옷이 지금은 얼마나 이상야릇하고 우스워 보이는지도 생각해 보았다.

그래서 나는 우리의 마음을 지배하는 것은 어떤 확실한 인식(認識)이 아니라 오히려 관습(慣習)과 과거의 선례(先例)라고, 그리고 쉽게 발견하기 어려운 진리(眞理)는, 민족 전체보다는 어떤 개인에 의해 발견되는 경우가 대부분이기 때문에, 그 진리에 동의하는 사람이 아무리 많다고 하더라도 이것이 그 진리성(眞理性)을 충분히 증명해주는 것은 결코 아니라고 결론지었다. 그렇지만 나는, 다른 사람들의 견해가 아니라 바로 이 사람의 견해를 따라야 바람직하다고 할 만한 사람을 정확하게 지적할 수 없었기 때문에, 이제 나 스스로 나 자신을 이끌어가야 한다고 생각했다.

그러나 나는 희미한 어둠 속을 혼자 걸어가는 사람처럼 아주 천천히 나아가며, 모든 일에 세심한 주의를 기울이겠다고 결심했다. 이렇게 하면 아주 조금씩 나아가더라도, 결코 넘어지지는 않을 것이라고 생각했다. 또한 이성에 의해 인도되지 않고 이전부터 나의 믿음 속으로 서서히 스며들었던 견해라도 모두 내던져버리려고 하지는 않았지만, 이에 앞서 시간을 충분히 쏟아 내가 하려는 일의 계획을 세우고 나의 정신으로 할 수 있는 모든 것을 인식하게 되는 참된 방법을 찾아보려고 했다.

젊었을 때 나는 철학의 여러 분야에서 논리학을, 수학에서 기하학자의 해석학(解析學)과 대수학(代數學)을 어느 정도 배웠다. 이 세 가지 기술 또는 학문이 내 계획을 상당히 도와줄 것이라고 생각했기 때문이다.

하지만 이것들을 검토해 본 결과, 논리학에서 삼단논법과 이 삼단논법이 제시하는 많은 부분[규칙]들은 새로운 것을 알게 해주는 것이 아니라, 자신이 이미 알고 있는 것을 다른 사람들에게 설명해주는 데 도움을 주거나, 혹은 룰루스(R. Lullus)의 기술(技術)[18]처럼, 자신도 모르는 것

---

18) 룰루스(1234~1315)는 프란체스코회 수도자로서 시와 철학에 관한

을 아무런 생각도 없이 말하는 데 도움을 줄뿐이라는 사실을 알아차리게 되었다. 그리고 논리학에는 실제로 매우 참되고 또 매우 좋은 규칙들이 많이 있지만 동시에 해롭거나 쓸데없는 규칙들도 많이 섞여 있기 때문에, 여기에서 좋은 규칙들을 분리해 내는 것은 아직 제대로 다듬어지지 않은 대리석 덩어리에서 디아나(Diana)[19]의 상(像)이나 미네르바(Minerva)[20]의 상을 쪼아내는 것만큼 어려운 일이다.

다음으로 고대인의 해석학과 근대인의 대수학에 대해 말하면, 이것들은 극히 추상적이고 실제로 전혀 쓸모없어 보이는 문제들만 다룰 뿐 아니라, 고대인의 해석학은 항상 도형을 고찰하는 데 얽매여 상상력을 매우 지치게 만들지 않고는 오성(悟性)을 발휘할 수 없고, 근대인의 대

___

많은 작품을 남겼다. 그는 이슬람교도들을 크리스트교로 개종시키고자 『보편적이고 궁극적인 기술』(*Ars generalis et ulima*, 1308)에서 서로 다른 개념들을 조합할 수 있는 논리적 가능성을 인위적으로 계산해 낼 역학(力學)을 구상했는데, 이것은 근대의 수학과 논리학의 발전에 큰 영향을 미쳤으며, 특히 라이프니츠가 보편수학(mathesis universalis)을 구상하기 위한 기초인 결합술(ars combinatora)에 직접 영향을 주었다.

19) 디아나(그리스 신화에서는 아르테미스(Artimes))는 제우스(Zeus)와 레토(Leto) 사이에 태어난 딸로 아폴론(Apollon)의 쌍둥이 누이이다. 이 여신은 활을 잘 쏘아 사냥을 주관하며, 처녀성을 지켜 정절을 상징하고, 대지의 동식물의 번성을 도모하는 달의 여신으로 알려져 있다.

20) 미네르바(그리스 신화에서는 아테나(Athena))는 제우스의 머리에서 무장(武裝)한 채 갑자기 나타나며 기술·지혜·무예를 상징하는 여신이다. 이 여신이 총애하는 새는 부엉이인데, 야행성에다 목이 앞뒤로 돌아가 남들이 보지 못하는 것을 볼 수 있기 때문에 현명한 지혜를 상징한다.

수학은 몇 가지 규칙들과 기호공식들에만 너무 사로잡힌 결과 정신을 계발하는 데 기여하는 학문이 아니라 오히려 정신을 당황하게 만드는 애매모호한 기술로 전락하고 말았다.

그렇기 때문에 나는 이 세 가지의 장점을 포함하면서도 결점은 없는 어떤 다른 방법을 찾아내야만 할 필요가 있다고 생각했다. 그리고 법률이 너무 많으면 종종 나쁜 짓에 대한 핑계를 제공하는 것처럼, 그래서 아주 적은 법률을 갖고도 그 법률이 매우 엄격하게 지켜지면 국가가 더 잘 통치되는 것처럼, 내가 어떤 경우에도 그 규칙을 어기지 않겠다는 확고부동한 결심만 충실하게 유지한다면, 논리학의 그 많은 규칙들 대신 다음 네 가지 규칙으로도 충분하다고 믿었다.

첫째, 내가 명증적으로 참이라고 인식한 것 이외에는 어떤 것도 참으로 받아들이지 말고, 속단과 편견을 신중하게 경계하며, 의심할 여지가 전혀 없을 정도로 명석(明晳)하고 판명(判明)하게(clara et distincta)[21] 나의 정신

---

21) '명석함(clear)'은 주의 깊은 정신에 명백히 주어진 것을, '판명함(distinct)'은 이렇게 주어진 것 가운데 아주 간결해 다른 것과 확연히 구별되는 것을 뜻한다. 따라서 명석하지만 판명하지 않은 것은 '혼란됨'이며, 명석하지도 않은 것 가운데 여러 가지 의미로 이해되는 것은 '애매함(ambiguous)', 지시하는 범위가 분명하지 않은 것을

에 나타나는 것 이외에는 어떤 것에 대해서도 판단을 내리지 말 것.

둘째, 내가 검토해야 할 각각의 어려움을 가장 잘 해결할 수 있는 데 필요한 만큼 가능한 한 작은 부분으로 나눌 것.

셋째, 내 생각을 적절한 순서에 따라 이끌어갈 것. 즉 가장 단순하고 가장 알기 쉬운 것으로부터 출발해, 마치 계단을 올라가듯, 조금씩 올라가 가장 복잡한 것에 대한 인식에까지 이를 것. 그리고 서로 간에 자연적으로 일어나는 순서를 따르지 않는 것들에도 일정한 순서가 있다고 가정해 나갈 것.

끝으로, 내가 어떤 경우에도 아무것도 빠트리지 않았다고 확신할 정도로 관련된 사항들을 완벽하게 열거하고 전체적으로 검토해 나갈 것.

그런데 기하학자들이 가장 어려운 증명들에 성공하기 위해 흔히 사용하는 아주 단순하고 쉬운 일련의 추리는 내가 다음과 같이 생각하게끔 만들어주었다. 즉 인간이 인식할 수 있는 모든 것은 이와 같은 방식으로 서로 연결되어 있을 것이고, 참이 아닌 어떤 것도 참으로 받아들이

'모호함(vague)'이라고 한다.

지 말아야만 하며, 어떤 것을 다른 것으로부터 연역할 때 항상 올바른 순서를 지키면, 아무리 멀리 떨어져 있어도 우리가 [참인 것에] 도달할 수 없는 것은 없으며, 아무리 감추어져 있어도 결국 우리가 [참인 것을] 발견할 수 없는 것은 없을 것이라고 생각하게끔 만들어주었다. 그리고 나는 시작해야만 할 실마리를 찾는 데 별로 고민하지 않았다. 이미 가장 단순하고 가장 쉽게 인식되는 것으로부터 시작해야만 한다는 사실을 알았기 때문이다. 따라서 지금까지 학문에서 진리를 추구해왔던 사람들 가운데 어떤 증명들, 즉 확실하고 명증적인 추리를 이끌어낼 수 있었던 사람들은 오직 수학자들뿐이었다고 생각했을 때, 나는 이들이 검토했던 문제와 같은 것들 때문에 그러한 결과가 나왔다는 사실을 전혀 의심하지 않았다.

물론 나는 수학이 내 정신 속에 진리에 대한 희망을 품게 해주고 잘못된 추리에 만족하지 않는 데 익숙하도록 만들어주는 것 이외에는 수학에서 아무것도 기대하지 않았다. 그렇다고 [수학으로부터 시작해야만 한다고] 수학이라는 공통의 명칭으로 부르는 개별적 학문들22)을 모두

---

22) 이것은 플라톤이 『국가』(*Politeia*) 제6권 '선분의 비유'(519d~511e)를 통해 인식의 대상을 감각에 의해 알려질 수 있는 것(ta aistheta)와 지성에 의해 알려질 수 있는 것들(ta noeta)로 구분한 것 가운데 후자에서 이데아에 대한 직관(epistemè)에 이르기 전인 추론적 사고(dianoia)의 대상인 수학적인 것들을 다루는 산술, 기하학, 천문학,

배우려고 하지는 않았다. 그리고 비록 이 학문들이 다루는 대상들이 서로 다르다고 하더라도 이 대상들에서 발견된 다양한 관계(關係)들이나 비례(比例)들을 고찰하는 점에서 모두 일치한다는 사실을 깨달았다. 그래서 나는 이 비례들을 오직 일반적으로만 검토하고, 가장 쉽게 인식할 수 있게 해주는 대상들 속에서만 그 비례들을 상정하는 것이 더 좋겠다고 생각했다. 그리고 그 비례들을 이러한 대상들에 제한하지 않고 그 비례들이 적용될 수 있는 다른 모든 대상에도 나중에 더욱 쉽게 적용할 수 있도록 확장하는 것이 좋겠다고 생각했다. 게다가 그 비례들을 인식하기 위해서는 어떤 때는 이것들을 각각 고찰할 필요가 있고 어떤 때는 단지 마음속에 간직하거나 그 가운데 여러 개를 동시에 파악할 필요가 있다는 사실을 깨닫고, 그 각각을 더 잘 고찰하기 위해서는 그것들을 선(線)의 형식으로 상정해야만 한다고 생각했다. 이것은 내가 선보다 더 단순한 것을 혹은 선보다 판명하게 나의 상상과 감각에 나타날 수 있는 것을 발견하지 못했기 때문이다. 하지만 이 비례들을 마음속에 간직하거나 그 가운데 여러 개를 동시에 파악하기 위해서는 간략할수록 더 좋은 어떤 기호로 표시해야만 하고, 또 이렇게 함으로써

음악(화성학)을 가리킨다.

기하학적 해석학과 대수학의 장점을 모두 취하면서 양자가 지닌 결함을 서로에 의해 교정할 수 있다고 생각했다.[23]

사실 나는 내가 선택한 이 몇 가지 안 되는 규칙들을 정확하게 지킴으로써 이 두 학문들 속에서 제기될 수 있는 모든 문제를 쉽게 풀 수 있었다고, 이것들을 검토하던 두세 달 동안 가장 단순하고 일반적인 것으로부터 시작함으로써 또 내가 발견한 각각의 진리를 다시 다른 진리들을 발견하는 데 도와주는 규칙으로 활용함으로써 이전에는 아주 어렵다고 여겼던 많은 문제들을 해결할 수 있었을 뿐만 아니라, 결국에는 아직 몰랐던 문제들도 무엇으로 또 어느 정도까지 풀 수 있을지 결정할 수 있을 것 같았다고 감히 말할 수 있다. 이것이 결코 공허한 자랑거리가 아니라는 사실은 다음과 같은 것을 생각해보아도 알 수 있다. 즉 각각의 문제와 관련해 발견할 수 있는 진리는 오직 하나밖에 없으므로 그 진리를 발견하는 데 성공한 사람은 인간이 그 문제에 관해 알 수 있는 모든 것을 알고 있다는 것, 가령 산술을 배운 아이가 그 규칙에 따라 덧셈을 했을 경우 그가 얻은 합계는 인간의 정신이 발견할 수 있는 모든 것을 발견했다고 확신할 수 있다는

---

23) 이것은 대수적 계산으로 기하학에 통일적 방법을 제공하고 동시에 계산이나 식에 기하학적 직관을 부여함으로써 기하학적 해석과 대수를 종합한 데카르트의 '해석기하학'이다.

것이다. 왜냐하면 올바른 순서를 따르는 것과 또 우리가 찾는 조건을 모두 정확하게 열거하는 것을 가르치는 방법은 결국 산술의 규칙들에 확실성을 부여하는 모든 것을 포함하기 때문이다.

그러나 내가 이 방법에 아주 만족했던 이유는 이 방법을 통해 모든 일에서 나의 이성을, 완전하게는 아니지만 적어도 내 능력이 도달하는 한, 가장 잘 사용하고 있다고 확신할 수 있었기 때문이다. 더구나 나는 이 방법을 사용해감으로써 내 정신이 대상을 더욱 명석하고 판명하게 인식하는 데 점차 익숙하게 되었다고 느꼈고, 또한 이 방법을 어떤 특수한 문제에만 국한시키지 않았기 때문에, 내가 이 방법을 대수학의 문제들에 적용했듯이, 다른 학문들의 어려운 문제들에도 유효하게 적용할 수 있다고 기대하게 되었다.

그렇다고 나는 처음부터 이러한 학문들이 제시하는 어려운 문제들을 모두 바로 한꺼번에 검토하려고 하지는 않았다. 이렇게 하는 것은 그 방법이 정한 순서에 어긋나기 때문이다. 오히려 나는, 이 학문들의 원리들은 모두 철학으로부터 이끌어왔음에도 불구하고 내가 철학에서 아직 어떤 확실한 토대도 발견하지 못한 사실에 주목해, 무엇보다도 철학에서 확실한 원리를 세우려고 노력하는 것이 필요하다고 생각했다. 그리고 이러한 작업이 세상에서 가장 중요한 일이고 또 속단과 편견을 가장 경계해야만 했기 때문에, 그 당시에 스물세 살이었던 나는 좀더 성숙한 다음에야 이 작업에 철저하게 몰두해야 한다고 생각했다. 그래서 이 작업을 수행하기에 앞서 내가 이전에 옳다고 받아들였던 잘못된 의견을 모두 내 정신에서 뿌리째 뽑아버리고, 나중에 내가 추리할 재료로 삼기 위해 다양한 경험들을 쌓으며, 내가 정했던 방법을 더욱 더 강화시켜 확실하게 사용할 수 있게 되도록 항상 연습하는 데 충분한 시간을 쏟아야만 한다고 생각했다.

1. 데카르트는 진리탐구의 길에서 바람직한 태도와 일상생활에서의 바람직한 태도를 대립시킨다. 각각의 특징에 대해 생각해보자.

2. 데카르트가 진리탐구에서 지켜야 할 규칙으로 제시한 네 가지가 무엇인지 생각해보자.

3. 가령 쌍둥이 형제가 태어나자마자 미국과 중국에서 각각 자라서 20살이 되어 만났을 때 어떤 차이가 나는지 생각해보자. 그 차이는 어떻게 형성되는 것인가?

4. 데카르트는 법률이 너무 많으면 종종 나쁜 짓에 대한 핑계를 제공한다고 본다. 이러한 견해에 동의하는가? 왜 그러한지 일상생활의 예를 들어 밝혀보자.

제3부

도덕의 격률들

이성을 통해 올바른 것을 판단하기 이전에 일단 실생활에서 행동이 지켜야 할 도덕적 격률을 다음과 같이 마련했다.

　첫째, 국가의 법률과 관습에 복종하고, 종교를 굳게 지키며, 함께 살아가는 사람들 가운데 가장 사려 깊은 사람이 말보다 실제의 행동에서 보여준 가장 온전하며 극단으로부터 가장 먼 의견에 신중하게 따른다.

　둘째, 참된 의견을 찾지 못했더라도 우왕좌왕 헤매거나 우유부단하게 주저하지 않고 가장 옳다고 여기는 의견을 충실하게 받아들여 확고하고 단호하게 행동한다.

　셋째, 항상 운명보다는 내가 지배할 수 있는 나 자신을 이기려고, 세계의 질서를 변화시키기보다는 실제로 획득할 수 있는 것으로 내 욕망을 바꾸려고 노력하며, 이러한 일에 익숙해지게 훈련과 명상을 반복한다.

　따라서 확실하고 참된 것을 찾기 위해서는 이러한 격률들과 신앙의 진리 이외에 다른 의견들을 자유롭게 제거해야 한다.

그리고 끝으로, 우리가 살고 있는 집을 다시 짓기에 앞서 그 집을 허물고 건축 자재와 건축가를 미리 준비해 놓거나, 스스로 건축술을 배우고 설계도를 꼼꼼하게 작성하는 것만으로는 충분하지 않고, 집을 다시 짓는 동안 편안하게 지낼 수 있는 곳을 따로 준비해 놓아야만 한다. 이와 마찬가지로 나는 내가 이성을 통해 판단하는 일을 주저할 때도 내 행동이 우왕좌왕하지 않기 위해서는 또 가능한 한 계속 행복하게 살기 위해서는 결코 빠트릴 수 없는 세 가지 혹은 네 가지 격률들로 구성된 도덕을 잠정적으로 마련했는데, 이것을 다음과 같이 열거해보고 싶다.

첫째는 내 나라의 법률과 관습에 복종하고, 어릴 때부터 신(神)의 은총으로 배워온 종교를 굳게 지키며, 다른 모든 일에서는 나와 함께 살아가야 할 사람들 가운데 가장 사려 깊은 사람이 실생활에서 흔히 받아들이는 가장 온전할 뿐만 아니라 극단(極端)에서 가장 먼 의견에 따라 나를 지도하는 것이다. 왜냐하면 나 자신의 의견들을 모두 검토하고 싶어 이것들을 아무것도 아니라고 간주하려고 시작했으므로 나는 가장 사려 깊은 사람의 의견에 따르는 것보다 더 좋은 의견에 따를 수는 없다고 확신했기 때문이다. 그리고 페르시아인이나 중국인 가운데 우리 못지않게 사려 깊은 사람들이 있을 것이지만, 나의 행동을 나와 함께 살아가야 할 사람들의 견해와 조화시켜나가는 것이 가장 유익하다고 여겼기 때문이다.

더구나 그들의 의견이 과연 무엇인지 확인하기 위해서는 그들이 했던 말보다 실제로 했던 행동에 주목해야만 한다고 생각했다. 이것은 우리의 풍속이 타락해 어느 누구도 자신이 믿는 것을 거의 말하려고 하지 않을 뿐만 아니라, 많은 사람들은 자신이 믿고 있는 것을 심지어 스스로도 알지 못하기 때문이다. 요컨대 어떤 것을 믿는 사유작용은 그것을 믿는다는 것을 아는 사유작용과 다르며, 이 두 가지 사유작용은 각기 상대방이 없어도 종종 가능하기 때문이다. 그리고 모든 사람이 동등하게 받아들이는 많은 의견들 가운데 내가 가장 온전한 것만 선택한 이유는, 우선 이러한 의견이 언제나 실행하기 가장 편리하고 또 가장 좋은 것이기 때문이며, 극단적인 것은 통상적으로 나쁜 것일 수 있기 때문이다. 따라서 내가 잘못을 저질렀을 때도 온건한 의견을 선택한 경우는 극단적인 의견들 가운데 하나를 선택한 다음 나중에 그 반대의 극단을 따라야 했었다는 사실을 깨닫는 경우보다 참된 오솔길에서 덜 벗어날 수 있기 때문이다.

그리고 나는 특히 나의 자유를 어느 정도라도 제한하는 모든 약속을 극단적인 것으로 간주했다. 그렇다고 사람들이 어떤 좋은 계획을 갖고 있을 때 마음이 약해져 흔들리지 않도록 방지해 주거나, 좋거나 나쁜 것이 문제가 되지 않는 어떤 계획을 갖고 있을 때 거래를 안전하게 도모해 주는 서약이나 계약을 규정하는 법률까지 반대하는 것은 아니다. 그것은 다만 이 세상에 항상 같은 상태로 있는 것은 아무것도 없다는 사실을 알았기 때문이고, 또한 나 자신에 관해 말하자면, 나의 판단들을 점차 완전하게 만들려고 기대할 뿐이지 더 나쁘게 만들려는 것이 아니므로, 만약 어떤 일을 한때는 옳다고 간주했다가 나중에는 옳지 않은 것이 될 때에도 혹은 옳지 않은 것으로 간주될 때에도 여전히 그것을 옳은 것으로 인정해야 한다면, 나는 '좋은 정신'에 대해 큰 잘못을 저지르게 된다고 생각했기 때문이다.

둘째는 행동에서 가능한 한 확고하고 단호한 태도를 취하고, 아무리 의심스러운 의견이라도 일단 받아들이기로 결정하면 아주 확실한 것처럼 그 의견에 충실하게 따르는 것이다. 이러한 점에서 나는 숲 속에서 길을 잃은 나그네가 우왕좌왕하며 이리저리 헤매거나 하물며 어느 한 자리에 그냥 머무르는 것이 아니라, 처음에 단지 우연히 선택하기로 결정한 방향이라도 사소한 이유로 그 방향에서 벗어나지 않고 그 방향으로 계속 걸어가는 태도를 본받으려고 했다. 이렇게 함으로써 그 나그네는 자신이 원했던 장소로 정확하게 가지는 못하더라도 적어도 숲 한가운데 있는 것보다는 확실히 더 나은 어떤 장소에 결국 도착할 것이기 때문이다. 마찬가지로 삶에서 행동은 어떠한 주저함도 허용하지 않는 경우가 많으므로, 우리가 아주 참된 의견을 찾아 구별해 낼 수 없을 때는 가장 옳다고 여기는 의견을 따라야 한다는 것은 매우 확실한 사실이다.

데카르트가 1638년 11월에 작성한 편지

또한 비록 어떤 의견이 더 옳다고 보이는지 전혀 알아차릴 수 없더라도 우리는 적어도 그 가운데 하나에 따를 것을 결심해야만 하며, 더구나 그것이 실생활에 연관되는 한, 우리는 나중에도 그 의견을 의심스러운 것이 아니라 아주 참되고 확실한 것으로 간주해야만 한다. 우리가 그렇게 결정하게 만든 근거가 아주 참되고 확실한 것이기 때문이다. 나는 이렇게 함으로써 그 후에 한때는 어떤 것을 좋다고 생각해서 실행해가다가 나중에는 나쁘다고 생각해서 실행하지 않는 나약하고 우유부단한 사람들의 마음과 의식을 괴롭히는 모든 후회와 양심의 가책으로부터 벗어날 수 있었다.

셋째는 언제나 운명보다는 나 자신을 이기려고 노력하고, 세계의 질서를 변화시키기보다는 내 욕망을 바꾸려고 노력하는 것이다. 그리고 일반적으로 우리가 완전히 지배할 수 있는 것은 우리 자신의 생각뿐이므로, 우리가 우리의 외부에 있는 것들에 대해 최선을 다했는데도 여전히 성공을 거두지 못한 일은 우리에게는 전혀 불가능한 일이라고 믿는 데 익숙해지는 것이다. 이러한 격률만으로도 충분히 나는 내가 실제로 획득할 수 없는 것은 앞으로도 전혀 바라지 않을 것이고, 따라서 나 자신을 충분히 만족시킬 수 있다고 생각했다. 왜냐하면 우리의 의지(意志)는 본성상 우리의 오성(悟性)[24]이 어떤 방식으로든 얻을 수 있다고 보여주는 것만을 바라기 때문이다. 그래서 만약 우리의 외부에 있는 모든 선(善)을 우리의 능력이 미치지

---

24) 플라톤이 이데아를 직관하는 지성(nous)과 논리적으로 추론해 인식하는 이성(logos)을 구별(『국가』, 519d~511e 등 참조)한 이래, '오성'은 전통적으로 감성에 경험적으로 주어진 대상에서 개념을 형성하고 판단과 추리를 하며 논리의 규칙에 따라 사고하는 지성의 능력을 가리켰다. 그러나 이것을 '이성'과 엄격하게 구별한 칸트와 그 전후의 사상가들 이외에는 대부분 '이성'과 동일한 뜻으로 사용하기도 한다.

못하는 데 있는 것으로 간주한다면, 비록 태어날 때부터 지녀야 한다고 간주하는 선(善)을 갖고 있지 않더라도 이 것이 우리의 잘못 때문이 아니라면, 마치 중국이나 멕시코 왕국을 못 가졌다고 아쉬워하지 않듯이, 우리는 결코 아쉬워하지 않을 것이다. 마찬가지로 우리가 다이아몬드와 같이 거의 썩지 않는 물질로 이루어진 신체를 갖고자 원하지 않고 또한 새처럼 날기 위해 날개를 갖고자 원하지 않는 것처럼, '화(禍)를 복(福)으로 만들라!'는 속담처럼, 병들어 있으면서도 건강하기를 바라거나 감옥에 있으면서도 자유롭기를 원하지는 않을 것도 확실하다.

그렇지만 나는 모든 사물을 이와 같은 관점에서 바라보는 데 익숙해지려면 오랜 훈련(訓練)과 자주 반복되는 명상(瞑想)이 필요하다는 사실을 인정한다. 그리고 나는 [스토아]철학자들이 운명(運命)의 지배에서 벗어날 수 있었던 비결[25], 즉 고통과 가난에도 불구하고 그들의 신들과 행복을 겨룰 수 있었던 비결도 주로 여기에 있었다고 믿는다. 왜냐하면 자연이 자신들에게 부과했던 한계를 부단히 고찰한 결과, 자신의 생각 이외에 자기가 지배할 수 있는 것은 전혀 없다는 사실을 철저히 깨달았기에 다른

---

25) 스토아학파의 운명관 혹은 행복관에 관해서는 제1부의 역주 10을 참조.

것들에 대한 집착에서 완전히 벗어날 수 있었기 때문이다. 이처럼 그들은 자신의 생각을 절대적으로 지배할 수 있었기 때문에, 이러한 철학이 없기 때문에 자연이나 행운으로부터 아무리 많은 혜택을 받았더라도 자기가 원하는 것들을 이렇게 처리하지 못하는 다른 사람들보다 자신들이 더 풍요롭고 더 강력하며 더 자유롭다고 생각할 만한 충분한 근거가 있었다.

끝으로, 이러한 도덕규준의 결론으로, 나는 사람들이 종사하는 다양한 직업들을 살펴보고, 이 가운데 가장 좋은 것을 선택하려고 했다. 남들의 직업에 대해 별로 말하고 싶지는 않고, 다만 내가 지금 종사하는 일, 즉 나의 이성을 계발하는 데 전 생애를 바치고, 진리를 인식하는 데 내가 스스로 규정했던 방법에 따라 가능한 한 계속 전진해가는 것이 가장 바람직하다고 생각했다. 이 방법을 사용하기 시작한 다음부터 나는 내 인생에서 이보다 더 상쾌하고 깨끗한 만족을 찾을 수 없다고 믿을 정도로 극도의 만족을 느꼈다. 또한 이러한 방법을 사용함으로써 나는 다른 사람들에게는 대체로 알려져 있지 않은 진리들이지만 나에게는 아주 중요하다고 여겨지는 몇 가지 진리들을 매일 발견했는데, 여기서 내가 얻은 만족은 대단히 커서 내 정신을 가득 채웠기 때문에 다른 모든 일이

하찮게 여겨질 정도였다.

그리고 앞에서 제시한 세 가지 격률은 나 자신을 계속 지도하려는 계획으로만 설정되었을 뿐이다. 왜냐하면 신은 우리들 각자에게 참된 것을 거짓된 것으로부터 구별할 수 있는 어떤 빛[좋은 정신]을 주었으므로, 적절한 시기에 다른 사람들의 의견을 내 스스로 판단해 검토해 볼 것이라고 기대하지 않았다면, 나는 한 순간이라도 그들의 의견을 받아들이는 데 만족해야만 한다고 믿을 수는 없었을 것이기 때문이다. 그리고 좀더 나은 의견들이 있을 경우 이것들을 발견할 어떤 기회도 결코 잃지 않을 것이라고 의도하지 않았다면, 나는 망설이지 않고 그러한 의견에 따를 수는 없었을 것이기 때문이다. 마지막으로, 만약 내가 따랐던 길이 나에게 가능한 모든 인식을 확실하게 획득할 수 있게 해주고 또한 내가 획득할 수 있는 모든 참된 선(善)을 획득할 수 있게 해주는 것이라고 생각하지 않았다면, 나는 내 욕망을 제한할 수도 없었고 만족을 얻을 수도 없었을 것이다.

우리의 의지는 오성이 좋다거나 나쁘다고 보여주는 것 이외에는 어떤 것도 추구하거나 기피하지 않기 때문에, 잘 실행하기 위해서는 잘 판단하는 것만으로 충분하며, 더구나 가장 잘 실행하려면, 즉 모든 덕을 획득하고 동시에 가능한 다른 모든 선을 획득하려면, 할 수 있는 한 가장 잘 판단하는 것만으로 충분하다. 그리고 이에 대해 확신을 가질 때 우리는 반드시 만족을 얻을 수 있다.

이러한 격률들을 이와 같이 확보한 다음에, 또한 이것들을 내 신념 속에 항상 최고의 자리를 차지했던 신앙의 진리와 함께 이것들은 제외한 다음에, 나는 나머지 다른 나의 의견들을 자유롭게 제거할 수 있다고 판단했다. 그리고 이 일을 보다 성공적으로 수행하기 위해서는, 지금까지 이 모든 생각을 떠올렸던 따뜻한 그 난로 방에 계속 틀어박혀 있는 것보다 다른 사람들과 이야기를 나누는 것이 더 좋겠다고 생각해 그해 겨울이 다 가기 전에 다시 여행을 떠났다.

그 후 9년 동안 줄곧 나는 세상에서 연출되는 연극 속에서 배우가 되기보다 관객이 되려고 노력하면서 여기저기로 떠돌아다녔다. 그리고 각각의 문제에서 의심스럽거나 잘못 생각하기 쉬운 점에 대해 특히 깊이 숙고하면서, 예전부터 내 정신 속에 서서히 스며들었던 오류들을 모두 뿌리 뽑았다. 그렇다고 내가 정말 의심하기 위해 의심하고 또 항상 애매한 태도를 취하는 회의론자(懷疑論者)를 흉내 낸 것은 아니었다.[26] 그 반대로 내 모든 계획은 나

---

26) 여기서 데카르트의 방법적 회의는, 삶 자체를 부정하고 회의 자체가

스스로 확신을 얻고, 바위나 찰흙을 발견하기 위해 무른 흙이나 모래를 걸러내 버리는 것이었다. 아무튼 나는 이러한 일을 아주 잘 성공시켰다고 생각했다. 왜냐하면 내가 검토한 명제의 오류나 불확실함을 근거가 빈약한 추측이 아니라 분명하고 확실한 추론에 의해 밝혀내려고 했으므로, 비록 확실한 것을 전혀 포함하지 않은 의심스러운 명제라고 하더라도 이 명제로부터 언제나 아주 확실한 결론을 이끌어낼 수 있었기 때문이다.

그리고 낡은 집을 허물 때 우리가 보통 부서진 부분을 보관했다가 새 집을 지을 때 사용하는 것과 같이, 내가 기초가 부실하다고 판단한 의견들을 모두 파괴하는 동안 나는 다양한 것들을 관찰했고 또 많은 것들을 경험했는데, 이것들은 나중에 보다 확실한 것들을 세우는 데 도움이 되었다. 더구나 나는 내가 사용하기 위해 세워두었던 그 방법으로 계속 훈련해갔다. 내 모든 생각을 그 방법의 규칙들에 따라 일반적으로 이끌어가는 데 조심했던 것 이외에도, 때때로 몇 시간을 선뜻 내어서 특히 수학의 문제들과 심지어 이것들과 거의 비슷하게 만들 수 있는 다

목적인 일반적 의미의 회의주의나 스토아학파와 에피쿠로스학파의 독단론에 반발한 고대 피론(Pyrrhon)의 회의주의와 달리, 철학을 보편수학으로 수립하고자 절대적으로 확실한 인식의 출발점(목적)을 찾는다는 사실을 분명히 확인할 수 있다.

른 학문들에 속하는 몇 가지 다른 문제들을 푸는 데 이 방법을 적용하곤 했다.27) 이 문제들을 수학의 문제들과 거의 비슷하게 만들려면, 내가 충분히 확실하게 발견하지 못한 다른 학문들의 모든 원리로부터 그 문제들을 분리시키면 되었는데, 독자들은 이 책에서 상세히 설명된 많은 것들에서 내가 이렇게 이룩했던 성과를 보게 될 것이다.

그리고 이렇게 함으로써 나는, 외관상으로 보면, 편안하고 순결한 생활 이외에 달리 할 일이 없는 사람, 악(惡)으로부터 쾌락(快樂)을 신중하게 가려내려고 연구하는 사람, 한가한 시간을 지겹지 않게 보내려고 단순한 오락을 즐기는 사람과 전혀 다르지 않게 살아갈 수 있었다. 하지만 이렇게 살아가는 가운데도 나는 내 계획을 추진해가는 일을 잠시도 중단하지 않았으며, 심지어 오직 책들을 읽거나 학자들과 교제를 나누었을 때보다 진리를 연구하는 데 아마 더 많은 도움이 되었을 것이다.

이렇게 하면서 9년이라는 세월이 흘러갔지만, 나는 여전히 학자들이 논쟁하고 있는 어려운 문제들에 대해 어떤 확고한 입장도 취하지 못했고, 또 대중에게 널리 알려

---

27) 이처럼 데카르트는 자명한 공리로부터 연역해 추리하는 기하학적 방법(more geometrico)으로 '나는 생각한다. 그러므로 존재한다. (cogito ergo sum)'와 같이 명석하고 판명한 것을 진리의 규준으로 삼아 철학을 모든 학문의 기초이자 참된 출발점인 보편수학(mathesis universalis)으로 수립하고자 했다.

져 있는 [스콜라]철학보다 더 확실한 철학의 기초를 찾으려고 시작하지도 못했다. 그리고 뛰어난 지성을 지닌 많은 사람들이 이미 나보다 앞서 이러한 계획을 성취하려고 시도했지만, 내가 보기에는, 거의 성공하지 못했던 사례들을 통해 나는 이와 같은 일에는 많은 어려움이 있을 것이라고 짐작했다. 그래서 만약 사람들이 내가 그러한 계획을 이미 성취했다는 소문을 퍼트리고 있다는 사실을 몰랐다면, 아마 이처럼 일찍 이 계획에 착수하려고 감행하지는 않았을 것이다.

그런데 나는 사람들이 어떤 근거에서 이와 같은 소문을 퍼트렸는지 알 수 없다. 만약 내가 나누었던 대화 때문에 그러한 소문이 더 퍼졌다면, 그것은 학문을 조금은 연구했다는 사람들보다 더 솔직하게 내가 알지 못하다는 점[무지(無知)]을 고백했기[28] 때문일 것이며, 그래서 아마 어떤 철학적 학설을 자랑스럽게 떠벌리기보다는 오히려 다른 사람들이 확실하다고 주장했던 많은 것들에 대해 의심할 수 있는 근거를 제시했기 때문일 것이다. 그렇지만 나는 사람들이 나를 실제의 모습보다 다르게 평가하는 것을 진정으로 결코 바라지 않았기 때문에, 나에게

---

28) 이것은 자신이 제대로 알지 못하다는 사실을 안다[무지(無知)의 지(知)]는 점에서 '소크라테스가 가장 지혜로운 사람'이라는 델포이 신탁(神託)과 같은 맥락이다.

주어진 명성에 합당한 인간이 되도록 모든 노력을 기울여야만 한다고 생각했다.

그리고 이렇게 생각해서 나는 지금부터 정확히 8년 전에 나를 아는 모든 사람을 피해 이곳[네덜란드]에 오겠다고 결심했다. 그런데 이곳은 오랫동안 지속된 전쟁[29] 때문에 훌륭한 질서가 세워진 이 나라의 군대는 여기에 사는 사람들이 그만큼 더 안심하고 평화의 열매를 즐길 수 있도록 허용해주는 것 같다. 그리고 나는 다른 사람들의 일에 호기심을 갖기보다는 자기 자신의 일에 더 마음을 쓰는 아주 활동적일 뿐만 아니라 위대한 국민들과 더불어 살고 있는 이 나라에서, 가장 인구가 많은 대도시의 편리함을 마음껏 누리면서도 멀리 떨어진 사막에서처럼 한적하게 은둔해 살 수 있었다.

---

29) 이것은 스페인으로부터 네덜란드의 독립전쟁(1572~1648)을 뜻하는데, 1609년부터 1621년까지는 휴전이 이루어졌었다.

>> 생각해볼 거리 <<

1. 데카르트는 극단적인 의견은 통상적으로 나쁘다고 간주한다. 왜 그러한가?

2. 데카르트는 아무리 의심스러운 의견이라도 일단 받아들이기로 결정하면 아주 확실한 것처럼 충실히 따라야 한다고 주장한다. 왜 그렇게 해야 좋다고 하는가?

3. 데카르트는 잘 행동하려면 잘 판단하는 것만으로 충분하다고 한다. 이러한 견해에 동의하는가, 동의하지 않는가? 그 근거는 무엇인가?

제4부

형이상학의 토대

일상생활에서는 매우 불확실한 의견도 의심할 여지가 없는 것처럼 따라야 하지만, 진리탐구에서는 조금이라도 의심할 수 있는 것은 모두 거짓으로 간주해야 한다.

그러나 이렇게 모든 것을 거짓으로 생각하는 동안에도 이러한 생각을 하는 나는 반드시 존재해야만 한다.

따라서 '나는 생각한다. 그러므로 존재한다.'(cogito ergo sum)는 더 이상 의심할 수 없는 아주 확고하고 매우 확실한 진리이며, 이 '생각하는 나'는 존재하기 위해 어떤 장소도 필요하지 않고 또한 어떤 물질적인 것에도 의존하지 않는 하나의 실체이다.

그리고 '나는 생각한다. 그러므로 존재한다.'와 같이 '우리가 명석하고 판명하게 생각하는 것은 모두 참'이다.

그렇지만 이러한 명제의 진리성도 '신은 현존한다.' '신은 완전한 존재이다.' '우리(정신) 속에 있는 것은 모두 신으로부터 나왔다.'는 사실에 근거해서만 확실하다.

우리는, 깨어 있든 잠들어 있든, 상상력이나 감각의 명증성과는 근본적으로 다른 이성의 명증성 이외에 결코 아무것도 믿으면 안 된다.

이 나라[네덜란드]에서 내가 했던 최초의 성찰들을 독자들에게 이야기하는 것이 반드시 좋은지 잘 모르겠다. 왜냐하면 그 성찰들이 너무 형이상학적이고 또 거의 일상적이 아니라, 어쩌면 모든 사람이 흥미롭게 받아들일 수 없을 지도 모르기 때문이다. 그렇지만 동시에 내가 세웠던 기초가 충분히 확고한 것인지 사람들이 판단할 수 있기 위해 그 성찰들을 어느 정도는 이야기하지 않을 수 없을 것 같다.

앞에서 말했듯이, 나는 일상의 생활에서는 매우 불확실한 것이라고 알고 있는 의견들도, 마치 이 의견들이 의심할 여지가 없는 것처럼, 따라야 한다는 것을 오래 전부터 깨달았다. 그러나 나는 이제 오직 진리탐구에만 전념하려고 하기 때문에, 일상의 생활과는 정반대로 조금이라도 의심할 수 있다고 생각하는 것은 모두 무조건 거짓으로 간주해 내던져 버리고, 이렇게 한 다음에도 전혀 의심할 수 없는 어떤 것이 내 신념 속에 남아 있는지 살펴보아야 한다고 생각했다. 그래서 우리의 감각은 때때로 우리를 속이기 때문에 감각이 우리의 마음속에 일으켜주는 대로 있는 것은 아무것도 없다고 가정하려고 했다.

그리고 아주 단순한 기하학의 문제에서조차 추리를 잘못해 오류를 범하는 사람들이 있으므로, 나도 다른 사람처럼 잘못을 저지를 수 있다고 판단해, 이전에 증명을 통해 받아들였던 모든 추리를 거짓으로 간주해 내던져 버렸다. 그리고 우리가 깨어 있을 때 갖는 모든 생각과 동일한 것이 잠들어 있을 때도 나타날 수 있는데, 이때 참된 것은 전혀 없다는 사실을 알았기 때문에, 이제까지 내 정신 속으로 들어온 것 가운데 내 꿈의 환영(幻影)보다 더 참된 것은 아무

저술 중인 데카르트. 밟고 있는 것은 아리스토텔레스의 책. 그의 자연학을 이어받은 스콜라 철학에 대한 반발의 상징.

것도 없다고 가정하기로 결심했다.30) 그러나 이렇게 모든 것을 거짓으로 생각하고자 하는 동안에도 이러한 생각을 하는 나는 반드시 어떤 무엇이어야 한다는 사실을

---

30) 데카르트는 『제1철학에 대한 성찰』(Meditationes de prima philosophia) 제1성찰 '의심할 수 있는 것들에 관해'와 제2성찰 '인간 정신의 본성에 관해'에서 소위 '악마의 가설'과 꿈의 환영을 통해 외부 세계의 실재성을 의심해가는 과정을 본격적으로 논의한다.

깨달았다. 그리고 '나는 생각한다. 그러므로 나는 존재한다.(cogito ergo sum)'[31]라는 이 진리는 회의론자들이 제기하는 지극히 황당한 모든 억측에 의해서도 흔들리지 않는 아주 확고하며 또 매우 확실한 것이라는 데 주목해서 나는 이것을 내가 추구하고 있던 철학의 제1원리로 거리낌없이 받아들일 수 있다고 결론을 내리게 되었다.

그런 다음 과연 '나'는 무엇인지를 주의 깊게 고찰했는데, 이때 나는 신체를 갖지도 않으며 세계도 없고 내가 있는 장소도 없다고 생각해 볼 수 있지만, 그렇다고 내가 전혀 존재하지 않는다고 생각해 볼 수는 없으며, 오히려 내가 다른 것들의 진리성을 의심하려고 생각한다는 바로 이 사실로부터 내가 존재한다는 것이 아주 명백하고 확실하게 귀결된다는 사실을 알았다.[32] 다른 한편 비록 내가 그때까지 상상했던 나머지 다른 모든 것이 참된 것이

---

31) 이 말의 프랑스어는 'je pense, donc je suis'로 나중에 라틴어판에서 'cogito ergo sum'으로 번역되면서 널리 알려진 명제이지만, 본래의 뜻에는 연역적 추리를 뜻하는 '그러므로'라는 의미는 전혀 없고 단지 명석하고 판명하게 직관되는 것이다. 따라서 '생각하는 나는 존재한다(cogitans sum)'가 정확한 표현이지만, 이미 널리 알려진 명제이므로 그 의미를 정확히 이해하는 범위에서 그대로 사용하기로 한다.

32) 이러한 발상은 아우구스티누스(Augustinus)가 외계 사물을 알려주는 지각은 언제나 불완전하기 때문에 의심스럽지만, '잘못하는 한 나는 존재한다(Si fallor sum)'는 사실은 더 이상 의심할 수 없다며 이러한 자기의식이 진리를 추구하는 가장 확실한 출발점임을 밝힘으로써 선·악의 이원론과 회의론을 극복한 전통에서 유래한다.

라고 하더라도 내가 단지 생각하는 것을 중단하기만 하면, 내가 존재하고 있다는 것을 믿을 만한 아무런 근거도 없다는 사실을 알았다. 이러한 사실로부터 나는 내가 하나의 실체(實體)[33])이며, 그 본질 혹은 본성은 오직 생각하는 것이고, 존재하기 위해 어떤 장소도 필요 없으며, 어떤 물질적인 것에도 의존하지 않는다는 사실을 알았다. 따라서 이 '나', 즉 나를 나로 만들어주는 정신은 물체와 전혀 다른 것[34])이며, 심지어 물체보다 더 쉽게 인식되고,[35]) 비록 물체가 존재하지 않더라도 정신은 그 자체로 존재하는 것을 중단하지 않는다.

그 다음에 나는 일반적으로 어떤 명제가 참되고 확실한 것이 되려면 무엇이 요구되는지 살펴보았다. 왜냐하면 방금 전에 참되고 확실하다고 인식했던 명제 하나를 발견했으므로, 이 확실성이 도대체 무엇에 근거하는지 인식

---

33) 실체(substance)는 어원상 'stance(드러난 것)'의 '밑에(sub)' 있는 것을 뜻하며, 감각적 경험의 영역을 넘어선, 지성을 통해서만 접근할 수 있는 형이상학적 개념이다.

34) 이처럼 데카르트는 유한한 실체 가운데 사유하는 실체인 마음(res cogitans)과 일정한 크기(연장성)를 지닌 실체인 물체(res extensa)는 서로 영향을 주는 않는다는 물심평행(物心平行) 이원론을 주장했다.

35) 데카르트는 『제1철학에 대한 성찰』 제2성찰 '인간 정신의 본성에 관해'에서 다양하게 변화되는 밀랍(蜜蠟)을 예로 들어 물체를 인식할 수 있게 해주는 근거들이 정신의 본성을 더 잘 인식할 수 있게 해주기 때문에 정신이 물체보다 더 쉽게 인식된다는 점을 보다 상세하게 논증했다.

해야만 한다고 생각했기 때문이다. 그리고 내가 만약 생각하기 위해서는 존재해야만 한다는 것을 아주 명석하게 알지 못했다면, '나는 생각한다. 그러므로 나는 존재한다.'는 명제에서 내가 진리를 말하고 있다고 확신시켜 주는 것이 전혀 없다는 사실을 깨달았고, 그 결과 나는 우리가 아주 명석하고 판명하게 생각하는 것은 모두 참이라는 것을 일반적 규칙36)으로 삼을 수 있다고 결론짓게 되었다. 하지만 우리가 판명하게 생각하는 것이 무엇인지를 확인하는 데는 다소 어려움이 있다는 사실도 잊지 않았다.

이것에 이어 내가 의심하고 있었다는 것, 따라서 나는 의심하는 것보다 인식하는 것이 더 큰 완전성(perfection) 이라는 사실을 분명히 알았기 때문에 나의 존재는 아주 완전한 것이 아니라는 점을 심사숙고한 다음에 내가 나 자신보다 더 완전한 것에 대해 생각하는 것을 어디에서 배우게 되었는지를 고찰했다. 그리고 나는 이렇게 생각하는 것이 실제로 [나 자신보다] 더 완전한 본성에서 나왔다는 사실을 명증적으로 알았다. 나의 외부에 있는 많은

---

36) 데카르트에게서 '나는 생각한다. 그러므로 나는 존재한다.'가 제1원리라면, '제1원리와 같이 명석하고 판명하게 인식하는 것은 모두 참'이라는 것은 제2원리라고 할 수 있다. 물론 제3원리 그리고 제4원리 등이 또 있는 것은 아니다.

것들, 가령 하늘·땅·빛·열 등에 대해 내가 갖는 생각들이 어디에서 나왔는지를 아는 데는 별다른 어려움을 겪지 않았다. 왜냐하면 나는 이 생각들 속에서 나보다 더 우월하게 만드는 것을 전혀 발견할 수 없었으므로, 한편으로 이 생각들이 참된 것이라면, 나의 본성이 어떤 완전성을 갖는 한, 이 생각들은 내 본성에 의존하는 것이며, 다른 한편으로 이 생각들이 참된 것이 아니라면, 무(無)로부터 얻었다고, 즉 [그것은] 나의 본성에 부족한 것이 있으므로 내 속에 있다고 믿을 수 있기 때문이다.

그러나 나 자신보다 더 완전한 존재의 관념에 대해서는 이렇게 생각할 수가 없었다. 그러한 관념을 무로부터 얻는다는 것은 분명히 불가능하기 때문이다. 그리고 더 완전한 것이 덜 완전한 것으로부터 나오고 또 이것에 의존한다고 말하는 것은 '어떤 것이 무로부터 나온다.'[37]고 말하는 것 못지않게 모순이므로, 나는 그러한 관념을 나 자신으로부터 얻을 수는 없다. 그렇다면 이 관념은 나보다 실제로 더 완전한 본성, 게다가 내가 그러한 관념을 품을 수조차 있었던 모든 완전성을 간직한 본성, 요컨대 신(神)이 내 속에 불어넣은 것[38]으로 간주할 수밖에 없었다.

---

37) 이처럼 '무로부터의 창조(creatio ex nihilo)'는, 이성을 초월한 크리스트교 신앙에서는 당연한 전제이지만, 철학의 합리적 사고로는 결코 이해할 수 없는 개념이다.

더구나 나는 내가 갖고 있지 않은 완전성들을 알기 때문에, 나 혼자만 현존하는 (만약 독자들이 허락한다면 나는 여기에서 스콜라철학의 용어를 자유롭게 사용할 것이다) 유일한 존재가 아니라, 내가 의존하며 내가 갖고 있는 모든 것을 부여한 더 완전한 존재[신]가 필연적으로 있어야 한다고 생각했다.39) 왜냐하면 내가 만약 존재하는 유일한 것이고 어떤 다른 것들에 의존하지 않는다면, 그래서 내가 완전한 존재에 조금이나마 참여함40)으로써

---

38) 이 본유관념(innate Idea)은 태어날 때부터 갖고 있다기보다 마음속에 저절로 생겨 자연의 빛을 가져다준다는 의미를 갖는다.

39) 중세철학 특히 그 후반부인 스콜라철학에서부터 시작된 신의 존재증명들에는 다음과 같은 것이 있다.
　① 움직이는 모든 것은 다른 것에 의해 움직여지는데, 이러한 연쇄의 궁극에는 모든 것을 움직이게 하는 자, 즉 자신은 스스로 움직이는 자인 신을 인정하지 않을 수 없다. (운동에 의한 증명)
　② 모든 것은 원인에 의해 이루어지는데, 이러한 연쇄의 궁극에는 자기 자신이 모든 것의 최초의 원인인 신을 인정하지 않을 수 없다. (능동적 원인에 의한 증명)
　③ 모든 것은 존재하지 않을 수도 있는데, 이렇게 우연히 존재할 수 있는 것은 그 자체로 필연적으로 존재하는 신을 전제하지 않을 수 없다. (우연성 혹은 인과론에 의한 증명)
　④ 모든 것은 다소간에 완전하게 존재하는데, 이렇게 불완전하게 존재하는 것은 그 자체로 완전하게 존재하는 신을 전제하지 않을 수 없다. (완전성의 정도에 의한 증명)
　⑤ 세계에는 질서가 있고 그 목표를 달성하려는 노력이 있는데, 이러한 합목적성을 설명할 수 있는 최고의 지성인 신이 존재해야만 한다. (세계질서에 의한 증명)
　여기서는 ③의 우연성 혹은 인과론에 의한 신의 증명을 가리키고 있다.

40) 이러한 '참여(participatio, methexis)'의 개념은 어떤 개별자이든 그 이데아에 참여할수록 보다 더 완전하게 자기다움(덕성, arete)을 이

갖게 된 것을 모두 나 자신으로부터 얻었다면, 마찬가지 이유로 나에게 없다고 인식했던 다른 나머지 것들을 모두 나 자신으로부터 얻을 수 있었을 것인데, 이렇게 되면 나는 무한(無限)하고 영원(永遠)·불변(不變)하며 전지(全知)·전능(全能)한 존재가 되어 결국 내가 신 속에서 알아볼 수 있는 모든 완전성을 가질 것이기 때문이다. 왜냐하면, 앞에서 추론한 바에 따라, 나의 본성(本性)이 인식할 수 있는 한에서 신의 본성을 인식하기 위해서는 단지 나는 나 자신 속에서 어떤 관념을 발견한 그 모든 것에 관해 이것들을 소유하는 것이 완전성인지 아닌지만 살펴보면 되었고, 또 어떤 불완전성을 드러내는 것은 결코 신 속에 없지만, 그 밖의 것은 모두 신 속에 있다는 사실을 나는 확실히 알았기 때문이다. 그리고 나는 의심·변화·슬픔 등은 나 자신도 이것들로부터 벗어나야 기쁠 것이므로 신 속에는 있을 수 없다는 것을 알았다.

그 밖에도 나는 감각적이고 또 물질적인 많은 것들의 관념을 갖고 있었다. 왜냐하면 내가 꿈을 꾸고 있다거나 보았다고 상상했던 것이 모두 거짓이라고 가정하더라도, 동시에 나는 이 관념들이 내 생각 속에 실제로 있었다는 사실을 부정할 수는 없기 때문이다. 그러나 나는 지성적

룰 수 있다는 플라톤의 인식론 및 존재론에서 유래한다.

본성이 물질적 본성과 다르다는 점을 이미 나 자신 속에서 매우 명석하게 인식했기 때문에, 모든 합성(合成)은 의존성을 입증해주는 것이며 또 의존성은 분명히 일종의 결함(缺陷)이라는 사실을 알아채고, 나는 이 두 본성으로 합성된 것은 신 속의 완전성일 수 없고, 따라서 신은 합성체일 수 없다41)고 결론짓게 되었다. 하지만 세계 속에 어떤 물체들이나 심지어 아주 완전하지는 않은 지성적 존재자들 혹은 다른 본성[존재자]들이 있다면, 이것들의 존재[현존]는 신의 힘에 의존하지 않을 수 없다고, 그래서 신 없이는 단 한순간도 존속할 수 없다고 판단했다.

그런 다음 나는 다른 진리들을 찾고 싶어 우선 기하학자들이 다루는 대상을 살펴보았다. 나는 이 대상들을 하나의 연속체(連續體), 즉 길이·넓이·높이 혹은 깊이를 지닌 무한한 공간으로, 다양한 부분들로 나누어질 수 있고 그래서 다양한 형태와 크기를 가질 수 있으며 모든 종류의 방식으로 움직이거나 옮겨질 수 있는 것으로 생각했다. 왜냐하면 기하학자들은 이 모든 것을 그들이 숙고하는 대상 속에 있다고 가정하기 때문이다.

---

41) 아퀴나스(T. Aquinas)에 의하면, 질료와 형상이 결합된 합성실체는 하나의 가능태로 본질(essentia)일 뿐이며, 순수 현실태인 신(qui est)의 존재(essentia)를 부여받아야만 존재할 수 있다. 결국 신의 본질은 곧 존재이다.

그리고 나는 기하학들의 가장 단순한 증명들 가운데 몇 가지를 살펴보았다. 이때 나는 누구나 이 증명들에 속한다고 인정하는 커다란 확실성은, 내가 앞에서 세웠던 규칙에 따라, 이 증명들이 명석하게 파악되는 사실 위에서만 수립된다는 점을 알았고, 따라서 그 대상의 현존을 나에게 확신시켜 주는 것은 그 증명들 속에 아무것도 없다는 사실도 알아차리게 되었다. 왜냐하면 나는 예를 들어 어떤 삼각형에서 그 세 각의 합은 확실히 두 직각이어야만 한다는 것을 매우 잘 알지만, 그럼에도 불구하고 세상에 그러한 삼각형이 있다고 나에게 확신시켜 주는 것을 이 증명 속에서 전혀 발견할 수 없기 때문이다.

다른 한편 내가 가졌던 완전한 존재의 관념으로 다시 돌아와 고찰해 보면, 나는 삼각형의 관념 속에 세 각의 합이 두 직각과 같다는 것이 포함되어 있고, 원의 관념 속에 모든 부분이 그 중심으로부터 똑같은 거리에 있다는 것이 포함되어 있는 사실 못지않게, 아니 심지어 이보다 더 명증적으로, 완전한 존재의 관념 속에 현존(existence)이 포함되어 있다는 사실을 발견했다. 그 결과 나는 이 완전한 존재인 신이 있다는 혹은 현존한다는 사실은 적어도 기하학의 어떤 증명보다 더 확실하다는 점을 발견했다.

그러나 신이 있다는 것을 인식하거나 자신의 영혼의

본성을 인식하는 것은 어렵다고 믿는 사람들이 많은데, 이것은 그들이 자신의 정신을 감각적 사물보다 높이 끌어올려 본 적이 없었거나 상상으로만 감각적 사물을 상상할 뿐이지 결코 [실제로] 고찰하지 않는 습관에 젖어 있는데, 상상하는 것은 물질적 사물에만 적합한 사고방식이라는 점을 모르고 상상할 수 없는 것은 모두 결코 이해할 수 없는 것으로 여기기 때문이다.42) 이러한 점은 강단 [스콜라]에서 철학자들조차 '먼저 감각 속에 있지 않았던 것은 아무것도 지성 속에 없다'43)는 것을 격률로 삼는다는 사실에서 매우 명백하게 나타난다. 그러나 신의 관념과 영혼의 관념이 결코 감각 속에 있지 않다는 것은 확실히 의심할 여지가 없다. 그리고 신과 영혼을 이해하기 위해 상상력을 사용하려는 사람들은 소리를 듣거나 냄새를 맡기 위해 눈을 사용하려는 사람들과 똑같은 일을 하는 것으로 나에게는 보인다. 물론 시각은 청각이나 후각 못지않게 그 대상들의 진리성을 보장해 주지만, 상상력이나

---

42) 그래서 플라톤은 감각(aisthesis)에만 의존하던 버릇을 정화(katharsis)해 영혼 속에 은폐된 지성(nous)을 통해 알려질 수 있는 대상인 이데아를 직관할 수 있는 영혼의 전환(psyches periagoge)이 필요하다고 강조했다.(『국가』, 500d, 521c 참조.)

43) 이 말(Nihil in intellectu quod non prius fuerit in sensu)은 이데아(형상)에 대한 직관을 부정하고 감각적 경험을 모든 인식의 궁극적 원천으로 간주한 아리스토텔레스의 전통으로 스콜라철학의 근본명제이다.

감각들도 오성(悟性)이 개입하지 않으면 결코 아무것도 우리에게 확신시켜주지 않는다는 차이가 있다.

끝으로 내가 제시했던 근거들로도 신의 현존과 영혼의 현존을 충분히 확신하지 못하는 사람들이 아직 있다면, 그들이 아마 더 확실하다고 생각하는 다른 모든 것, 가령 신체를 갖는 것 그리고 별이나 지구 등이 있다는 것은 더 확실하지 않다는 사실을 잘 인식하게 되기를 나는 바란다. 왜냐하면 비록 우리가 실제로 이와 같은 것들에 대해 도덕적 확신을 갖더라도 그것들을 의심한다는 것은 엉뚱한 일로 보일지 모르지만, 형이상학적 확실성이 문제될 경우에는, 우리가 잠들어 있을 때 다른 신체를 갖는다고 또한 다른 별들과 다른 지구를 본다고 유사하게 상상할 수도 있지만 이러한 것들이 실제로 존재하지 않는다는 것을 깨달으면, 앞에서 말한 것들에 대해 전혀 확신하지 않는 데는 충분한 이유가 있다는 사실을 누구도 부정할 수 없기 때문이다. 꿈속에서 나타나는 생각이 깨어 있을 때 갖는 생각보다 가끔 더 생생하고 뚜렷하게 나타나는 것을 볼 때, 전자의 생각이 후자의 생각보다 더 거짓이라는 사실을 어떻게 알 수 있는가? 그리고 가장 뛰어난 정신을 가진 사람들이 아무리 이 문제를 연구하더라도, 만약 신의 현존을 전제하지 않으면, 나는 그들이 이러한 의심을 제거할 충분한 근거를 제시할 수 있다고 믿지 않는다.

왜냐하면 첫째, 내가 앞에서 규칙으로 정한 것, 즉 우리가 아주 명석하고 판명하게 인식한 것은 모두 참이라는 명제의 진리성조차도, 신이 있다는 혹은 현존한다는 사실, 신은 완전한 존재라는 사실, 또한 우리 속에 있는 것은 모두 신으로부터 나왔다는 사실에 근거해서만 확실하기 때문이다. 따라서 우리의 관념들이나 개념들은, 이것들이 명석하고 판명한 것인 한, 신으로부터 나온 실재적인 것들에 대한 관념들이고, 그 결과 참된 것이 아닐 수 없다. 그래서 우리가 종종 거짓의 요소를 내포한 관념들을 갖게 되는 것은 이 관념들 속에 어느 정도 혼란되고 막연한 것이 있을 경우에만 일어나며, 이것은 그 관념들이 무(無)에 관여하기 때문이다. 요컨대 우리가 아주 완전하지 못하기 때문에 그 관념들은 우리 속에서 혼란된 것으로 있게 된다. 하지만 오류나 불완전성이 신(神)으로부터 나온다는 것은, 진리나 완전성이 무(無)로부터 나온다는 것 못지않게, 명백한 모순이다. 그러나 만약 우리 속에 있는 실재적이고 참된 모든 것이 완전하고 무한한 존재로부터 나온다는 사실을 우리가 전혀 모른다면, 우리의 관념들이 아무리 명석하고 판명하더라도, 이것들이 참으로 있다는 완전성을 갖는다고 확신할 만한 어떠한 근거도 우리는 갖지 못할 것이다.

이렇게 신과 영혼에 대한 인식이 이러한 규칙을 우리에게 확실하게 해준 결과, 우리가 잠들어 있을 때 떠오르는 환상들이 깨어 있을 때 갖는 생각들의 진리성을 조금도 의심하게 할 수 없다는 사실을 쉽게 알 수 있다. 왜냐하면 잠들어 있을 때조차 아주 판명한 어떤 관념을 갖고 있다면, 가령 어떤 기하학자가 어떤 새로운 증명을 발견했다면, 이때 그가 잠자고 있다는 사실이 그 증명의 진리성을 저해하지는 않기 때문이다.

그리고 우리가 꿈을 꿀 때 가장 흔하게 일어나는 오류는 꿈이 우리의 외적 감각과 같은 방식으로 다양한 대상들을 우리에게 보여주는 데 있는데, 이 오류가 그와 같은 외적 관념의 진리성을 의심하게 만들 기회를 우리에게 준다는 사실은 별로 문제될 것이 없다. 그러한 관념은 우리가 잠들어 있지 않을 때도 종종 우리를 속일 수 있기 때문이다. 가령 황달에 걸린 사람의 눈에는 모든 것이 노랗게 보이고, 일상적으로 별들이나 그 밖에 멀리 떨어져 있는 물체들이 실제보다 훨씬 작게 보이는 것과 같다. 결국 우리는, 깨어 있든 잠들어 있든, 이성(ratio)의 명증성(明證性) 이외에 결코 아무것도 믿으면 안 된다. 그런데 내가 여기서 상상력이나 감각의 명증성이 아니라, 이성의 명증성이라고 말한 것에 유의해야만 한다. 가령 우리는 태양을 아주 명석하게 보고 있더라도, 보이는 태양의 크기가 실제의 크기라고 판단해서는 안 된다. 마찬가지로 사자의 머리가 산양의 몸통에 붙어 있는 동물을 판명하게 상상할 수 있지만, 그렇다고 '키메라(chimera)'라는 이 괴물이 세상에 있다고 결론지어서도 안 된다. 왜냐하면 이성은 우리가 이렇게 보거나 상상하는 것을 참된 것이라고 단언하지 않기 때문이다.

그러나 이성은 우리의 모든 관념이나 개념이 진리의 어떤 토대를 가져야만 한다는 점을 분명히 단언한다. 왜냐하면 아주 완전하고 진실한 신이 이러한 토대 없이 관념들을 우리 속에 집어넣었다는 것은 전혀 있을 수 없기 때문이다. 그리고 잠들었을 때 나타나는 상상이 깨어 있을 때 나타나는 상상만큼 혹은 그 이상으로 생생하고 뚜렷한 경우도 종종 있지만, 잠들었을 때 우리가 하는 추리는 깨어 있을 때 하는 추리보다 결코 더 명증적이지도 않고 또 완벽하지도 않다. 따라서 이성은, 우리가 아주 완전하지 않기 때문에 우리의 생각이 모두 참된 것일 수는 없지만, 그럼에도 불구하고 우리의 생각이 [어느 정도] 참된 것을 갖는다면, 그것은 틀림없이 꿈속에서보다 깨어 있을 때 갖는 생각 가운데 발견된다고 가르쳐준다.

1. 데카르트는 우리의 감각이 때때로 우리를 속인다고 한다. 이와 비슷한 경험이 있었다면, 예를 들어보자.

2. 데카르트는 '생각하는 나'(cogito)인 자의식(自意識)의 확실성을 철학의 출발점으로 삼았다. 이러한 점에서 중세와 비교해 왜 데카르트를 '근대철학의 아버지'라 부르는지 생각해보자.

3. 데카르트는 물체가 존재하지 않더라도 정신은 그 자체로 존재하기를 중단하지 않는다고 보았다. 이처럼 근본적으로 다른 물질과 마음(정신)이 평행한다는 이원론에 동의하는가? 동의하지 않는다면 무엇 때문인가?

4. 데카르트의 '나는 생각한다. 그러므로 나는 존재한다.'는 명제는 '이성에 합당한 것'='존재할 만한 것'으로 요약될 수 있다. 이러한 그의 사상과 이성에 맞지 않는 구제도를 극단적으로 철폐한 프랑스 대혁명은 어떠한 관계에 있는가?

제5부

자연학의 문제들

신이 자연 속에 확고하게 세우고 우리의 영혼 속에 그 관념을 확고하게 새겨준 법칙들은 세상에서 일어나는 모든 것에서 정확하게 지켜지고 있다.

이 법칙들로부터 물질적 사물의 본성을 인식했다고 믿는 것들을 요약해 설명한다.

하늘과 별들, 지구가 생성되는 과정과 빛의 성질을 통해 이것들의 위치와 운동, 다양한 성질들을 다루었고, 빛을 발산하는 불의 본성에 대해 그리고 불 때문에 일어나는 변화에 대해 설명했다.

이어서 무생물로부터 식물, 동물 그리고 인간에 대해 기술했는데, 빛(불)과 밀접하게 연관된 심장의 각 부분들의 기능과 동맥의 다양한 운동들, 피가 순환하게 되는 참된 원인을 상세하게 입증했다.

그러나 인간의 신체가 정교한 자동기계와 같은 동작과 기능을 하더라도, 기계는 이성적인 의미의 말이나 기호를 사용하지 않는다는 점에서, 인식한 것이 아니라 기관들이 배치된 것에 따라 일을 처리한다는 점에서 인간은 기계와 본질적으로 다르다.

진정한 인간을 형성하려면 이성적 영혼은 신체와 하나로 결합되어야 한다.

계속해서 나는 이 제1원리들로부터 연역한 일련의 완전한 진리들을 기꺼이 제시하고자 한다. 그러나 이렇게 하려면 [스콜라]학자들이 논쟁하는 많은 문제들을 지금 말해야 하고 [그 결과] 이들과 말썽을 일으키고 싶은 마음이 전혀 없기 때문에, 여기서는 단지 이 문제들이 무엇인지 개괄적으로만 언급하고, 이 문제들을 일반 대중에게 보다 상세하게 알리는 것이 과연 유익한 일인지 아닌지는 나보다 더 현명한 사람들이 판단하게 하는 것이 더 좋겠다고 생각한다.

나는 신(神)과 영혼(靈魂)의 현존을 증명하기 위해 앞에서 사용했던 원리 이외에 다른 어떤 원리도 가정해서는 안 되며, 기하학자들의 증명들이 본래 보여주었던 것보다 더 명석하고 더 확실하게 나타나지 않는 것은 결코 참된 것으로 받아들이지 않겠다는 결심을 항상 굳게 지켜왔다. 하지만 나는 얼마 안 되는 동안에도 보통 철학에서 다루는 매우 중요한 어려운 문제들 전체에 관해 만족할 만한 수단을 발견했을 뿐만 아니라, 신이 자연 속에 확고하게 세우고 우리의 영혼 속에 그 관념을 확고하게 새겨준 어떤 법칙들도 알게 되었다고 감히 말한다. 이 법칙들을 자세하게 살펴보면, 우리는 이 법칙들이 세상에 있거나 세상에서 일어나는 모든 것에서 정확하게 지켜지고 있다는 사실을 의심할 수 없다. 더구나 이 법칙들로부터 귀결되는 것을 고찰하면서 나는 내가 이전에 배웠거나 심지어 배우려고 원했던 것보다 더 유익하고 또 더 중요한 많은 진리들을 발견했다고 여긴다.

그런데 내가 여러 모로 생각해본 끝에 출간을 보류했던 어떤 논문44)에서 그 진리들 가운데 가장 중요한 진리들을 설명하려고 시도한 적이 있기 때문에, 그 논문의 내용을 여기서 요약해 말하는 것이 그 진리들을 세상에 알리는 데 가장 좋은 길이라고 본다. 그 논문을 쓰기 전에는 내가 물질적 사물의 본성에 관해 인식했다고 믿는 모든 것을 포함시킬 계획이었다. 그러나 화가들이 입체의 다양한 면들을 모두 평편한 화면에 제대로 똑같이 나타낼 수 없기 때문에, 가장 주된 면을 하나 골라 이 면에 빛을 비추고 다른 면들은 그늘지게 해서, 빛을 받는 부분을 주시할 때만 보이도록 그늘진 부분들을 [음영지어] 나타내는 것처럼, 내가 생각했던 모든 것을 그 논문에 포함시킬 수는 없다고 염려해서, 나는 빛에 관한 내 생각만 자세히 설명하려고 했다. 또한 나중에 필요할 경우, 빛은 거의 전적으로 태양과 항성(恒星)들로부터 나오기 때문

---

44) 이것은 데카르트가 1633년에 작성했지만, 갈릴레이의 종교재판에 영향을 받아 출판이 유보되었다. 그가 죽은 후 1964년 출판된 『세계 및 빛에 관한 논고』(Le Monde, ou Traité de la lumière)를 가리킨다.

에 태양과 항성들에 관해, 하늘은 빛을 전달하기 때문에 하늘에 관해, 유성(遊星)들·혜성(彗星)들·지구는 빛을 반사하기 때문에 이것들에 관해, 특히 지상의 모든 물체는 빛깔이 있거나 투명하거나 빛을 발산하기 때문에 이 물체들에 관해, 끝으로 인간은 이 모든 것을 바라보는 자이기 때문에 인간에 관해 약간의 설명을 덧붙였다.

그리고 이 모든 것을 약간 그늘지게 만들어, 이에 대한 학자들의 견해들을 채택하거나 반박할 필요도 없이 나 자신의 생각을 좀더 자유롭게 표현하기 위해, 나는 현재 있는 이 세계는 학자들의 논쟁에 떠맡기기로 결심했다. 그리고 만약 신이 상상적 공간 어디엔가 새로운 세계를 구성하기에 충분한 물질을 창조하고, 이 물질의 다양한 부분들을 질서 없이 다양한 방식들로 휘저어 시인들이나 상상해볼 수 있을 정도로 뒤죽박죽 혼란된 상태로 만든 다음, 자연에 일상적으로 협력할 뿐이지 오직 신이 세운 법칙에 따라서만 자연을 움직이게 한다고 가정할 때, 이 새로운 세계에서 일어날 일들에 대해서만 이야기하기로 결심했다.

그래서 나는 우선, 앞에서 신과 영혼에 관해 말했던 것 이외에, 세상에 이보다 더 명석하고 쉽게 이해되는 것은 전혀 없다고 여길 정도로, 이 물질에 대해 서술하고 설명하려고 노력했다. 왜냐하면 강단[스콜라철학]에서 논쟁하는 형상(形相)들이나 성질들은 이 물질 속에 없으며, 이것들에 대한 인식이 우리의 영혼에 본래부터 있지 않으므로 우리가 모르는 척 할 수 있는 것은 아무것도 이 물질 속에 존재하지 않는다고 분명히 가정했기 때문이다. 더구나 나는 자연의 법칙들이 무엇인지를 제시했고, 조그만 의혹이라도 제기될 수 있는 것은 모두 오직 신(神)의 무한한 완전성이라는 원리에 근거해서만 증명45)하려고 했으며, 신이 많은 세계를 창조했더라도 이 법칙들은 어디에서나 반드시 지켜진다는 사실을 밝히려고 노력했다.

그런 다음 나는 혼란된 상태를 조성한 물질의 가장 큰 부분이 이 법칙들에 따라 어떻게 배치되고 정돈되어 우리의 하늘과 비슷한 것이 될 수밖에 없었는지를 설명했다. 그리고 이러는 동안 그 물질의 어떤 부분이 지구를, 어떤 부분이 유성들과 혜성들·태양과 항성들을 형성하게 되었는지를 밝혔다. 그리고 여기서 빛에 관한 문제로 확대해나가, 태양이나 항성들에서 발견되는 빛은 어떤 것이고, 태양이나 항성들로부터 어떻게 빛이 하늘의 광대한 공간을 순식간에 가로지르며, 이 빛이 어떻게 유성들이나

---

45) 이것은 신의 존재증명(앞의 제4부 역주 39를 참조)에서 ④ 완전성의 정도에 의한 증명을 뜻한다.

혜성들에서 지구로 반사되는지도 상세히 설명했다. 그리고 하늘과 별들의 실체, 위치, 운동 및 다양한 성질들도 모두 추가해 설명했다. 나는 이러한 설명을 통해 이 세계의 하늘과 별들에는 내가 묘사한 하늘과 별들에서 아주 비슷하게 나타나지 않는 것 혹은 적어도 나타날 수 없는 것은 전혀 발견할 수 없다는 사실을 충분히 밝혔다고 생각했다.

이러한 사실로부터 나는 특히 지구에 대해 자세히 설명하게 되었다. 비록 내가 신은 지구를 구성하는 물질 속에 무게를 두지 않았다고 분명히 가정했지만, 어떻게 지구의 부분들이 정확하게 중심을 향해 끌리는지, 어떻게 지구의 표면 위에 물과 공기가 있기에 하늘과 별들의 배치, 특히 달의 배치가 우리가 사는 세계의 바다에서 볼 수 있는 것과 모든 점에서 유사한 밀물과 썰물을 일으키는지, 그 밖에 이 물과 공기가 열대지방에서 볼 수 있듯이 동쪽에서 서쪽으로 흐르는지를 설명했다. 그리고 산·바다·샘물·강물이 어떻게 지구에서 자연적으로 형성될 수 있었고, 어떻게 광산에는 광물이, 들에는 식물이 생기게 되었는지 또 혼합체나 합성체로 불리는 모든 물체가 어떻게 일반적으로 생기게 되었는지를 설명했다. 그리고 별들 이외에 빛을 발산하는 것은 불밖에 없다고 알

앞기 때문에 불의 본성에 속한 모든 것, 즉 불은 어떻게 생기고 커지며 때로는 빛은 없으면서 열만 갖거나 때로는 열은 없으면서 빛만 갖는지, 어떻게 상이한 물체들에 다양한 빛깔들과 성질들을 끌어들이는지, 어떤 물체들은 녹이고 다른 물체들은 굳게 하는지, 거의 모든 물체를 태워서 재와 연기로 변화시킬 수 있으며, 끝으로 이 재로부터 오직 그 작용의 힘만으로 유리를 만들어낼 수 있는지를 아주 분명하게 설명하려고 했다. 재가 유리로 되는 변화는 자연 속에서 일어나는 어떤 변화 못지않게 놀랍다고 생각했기에 나는 특히 즐겁게 이 변화를 설명했다.

하지만 나는 이 모든 사실로부터 이 세계가 내가 설명한 방식으로 창조되었다고 결론지으려 하지 않았다. 왜냐하면 처음부터 신은 이 세계를 있어야 할 모습 그대로 창조했다고 말하는 것이 훨씬 더 그럴듯하게 보이기 때문이다. 그러나 신이 지금 이 세계를 보존하고 있는 작용은 이 세계를 창조했던 작용과 아주 동일한 것이라는 사실은 확실하고, 이것은 신학자들의 일반적 견해이기도 하다. 따라서 비록 신이 태초에 이 세계에 단지 혼돈의 형태만 주었더라도 자연의 법칙들을 세우고 자연이 그 습성대로 움직이기 위해 협력하고 있다면, 우리는 창조(創造)의 기적(奇蹟)을 손상시키지 않고 이것만으로도 순수하게 물질적인 모든 것은 시간의 과정 속에서 우리가 지금 보고 있는 그대로 되었다고 충분히 믿을 수 있다. 그리고 물질들의 본성은 물질들을 이미 완결된 상태로 고찰할 때보다 이러한 방식으로 점진적으로 일어나는 것으로 볼 때 훨씬 더 이해하기 쉽다.[46)]

나는 무생물이나 식물에 대해 기술하는 것으로부터 동물, 특히 인간에 대해 서술해갔다. 그러나 이때 나는 다른 것들에 대해서와 같은 방식으로, 즉 원인으로부터 결과를 증명하고 또 자연이 어떤 씨앗으로부터 어떻게 동물과 인간을 산출했는지를 밝히면서 동물과 인간에 대해 이야기할 만큼 충분한 지식이 아직 없었기 때문에, 다음과 같이 추정하는 것으로 만족해야만 했다. 즉 신은 내가 [앞에서] 서술했던 물질만을 사용해 손과 발의 바깥 모양뿐만 아니라 기관(器官)의 내적 조직에서 우리들 가운데 누구나 똑같이 인간의 신체를 만들어냈는데, 처음에는 이성적 영혼은 물론 식물적 영혼이나 감각적 영혼으로 작용할 수 있을 어떤 것도 신체 속에 집어넣지 않았으며, 이미 앞에서 설명했던 빛이 없는 불들 가운데 하나만을 심장 속에 지펴놓았다고 추정하는 것으로 만족해야만

---

46) 이러한 데카르트의 주장은 물질세계를 완결되어 고정된 형태로 파악하는 근대 이후 기계론적 사고방식의 전통을 수립했다고 파악된 그의 철학과는 상당히 다른 모습으로 매우 이채롭다.

했다.

그런데 나는 이 불이, 건초(乾草)가 마르기 전에 밀폐시켜 두면 이 건초를 뜨겁게 해주는 불, 또는 새 포도주를 찌꺼기와 함께 발효시킬 때 그 포도주를 끓게 하는 불과 전혀 다른 성질을 가진 것이라고 생각하지는 않았다. 왜냐하면 이러한 추정에 따라 이 신체 속에서 일어날 수 있는 기능들을 검토해 보면, 나는 우리가 그 기능들에 대해 사유하지 않아도, 혹은 신체와는 다른 부분, 즉 앞에서 말했듯이, 그 본성이 사유하는 것인 우리의 영혼이 그 기능들에 기여하지 않고도, 그러한 기능들을 모두 그대로 발견했기 때문이다. 그리고 이성이 없는 동물들도 우리와 마찬가지로 이러한 기능들을 똑같이 동일하게 가졌기 때문에, 나는 사유에 의존하며 우리가 인간인 한 우리에게만 속하는 어떤 것도 이 기능들 속에서 전혀 발견할 수 없었다. 오히려 나는 신이 이성적 영혼을 창조했으며 또 이 영혼을 내가 서술한 특별한 방식으로 이 신체에 결합시켰다는 것을 가정한 다음에야 비로소 그 기능들을 모두 발견했다.

그러나 거기[그 논문]에서 내가 이 문제를 어떻게 다루었는지를 보여주기 위해 여기에서 심장(心臟)과 동맥(動脈)들의 운동을 설명하려고 한다. 이 운동은 동물들에서 알아볼 수 있는 첫째의 그리고 가장 일반적인 것이므로, 다른 모든 것에 관해 생각해야 될 것은 이것으로도 쉽게 판단할 수 있을 것이다. 그런데 내가 이 문제에 대해 말하는 것을 보다 쉽게 이해하

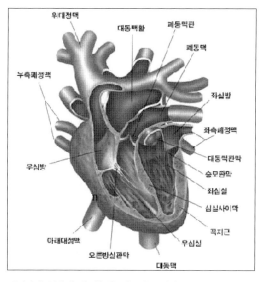

긴밀하게 연계된 정교한 운동을 하는 심장의 각 부분들

기 위해 나는 어려움이 해부학을 잘 모르는 사람은 다음에 서술한 것을 읽기 전에 다소 수고스럽더라도 폐를 가진 큰 동물의 심장을 직접 절개해 그 속에 있는 두 개의 심실(心室) 즉 심방(心房)을 들여다 볼 것을 권한다. 그러한 동물의 심장은 모든 점에서 인간의 심장과 무척 닮았기 때문이다.

첫째, 심장의 오른쪽에 있는 심실에는 아주 큰 두 개의 관(管)이 통하고 있다. 그 하나는 대정맥인데, 이것은 피를 받아들일 수 있는 주요한 기관으로, 신체의 다른 모든 정맥이 나무의 가지라면 이것은 그 줄기와 같은 것이다.

다른 하나는 동맥성 정맥인데, 이것은 사실상 동맥이므로 잘못 붙여진 명칭이지만 어쨌든 이것의 근원은 심장이며, 여기서 나와 많은 가지들로 갈라지는데, 이 가지들은 폐의 모든 부분에 퍼져 있다.

둘째, 심장의 왼쪽에 있는 심실에도 앞에서 말한 것과 같거나 더 큰 두 개의 관이 통하고 있다. 그 하나는 정맥성 동맥인데, 이것도 사실상 정맥이므로 잘못 붙여진 명칭이지만 아무튼 폐에서 나오는 것이며, 폐에서 많은 가지들로 갈라져 있고 동맥성 정맥의 가지들 및 호흡할 때 공기가 들어오는 호흡기의 가지들과 얽혀 있다. 다른 하나는 대동맥인데, 심장에서 나와 몸에 두루 걸쳐 가지를 뻗고 있다.

또한 나는 이 두 개의 심실에 마치 조그만 문(門)처럼 있는 네 개의 구멍을 열고 닫는 열한 개의 작은 판막(瓣膜)들에 주목해 볼 것을 권한다. 그 가운데 세 판막은 대정맥 입구에 있어서 대정맥 속에 있는 피가 심장의 오른쪽 심실로 흘러들어가는 것을 전혀 방해하지는 않지만, 거기서 나오는 것을 철저히 막아준다. 그리고 동맥성 정맥의 입구에 있는 세 판막은 앞의 것과 정반대로 붙어 있어서 이 심실 속에 있는 피가 폐로 들어가는 것을 허용하지만, 되돌아오는 것을 막아준다. 이와 마찬가지로 정맥성 동맥의 입구에 있는 다른 두 판막은 폐에 있는 피가 왼쪽 심실로 흘러들어가는 것을 허용하지만, 되돌아오는 것을 막아준다. 그리고 대동맥의 입구에 있는 세 판막은 피가 심장에서 나가는 것을 허용하지만, 되돌아오는 것을 막아준다. 그런데 이처럼 판막이 열한 개인 이유는 다름 아니라 정맥성 동맥의 입구가 위치한 장소가 달걀 모양이라서 두 개의 판막으로도 잘 닫힐 수 있지만, 다른 입구들은 원형이라서 잘 닫히려면 세 개의 판막이 필요하기 때문이다.

더 나아가 나는 대동맥과 동맥성 정맥이 정맥성 동맥이나 대정맥보다 훨씬 더 질기고 단단하다는 점, 정맥성 동맥과 대정맥은 심장으로 들어가기 전에 커져서 마치 두 개의 주머니처럼 되는데, 심이(心耳)라고 부르는 이것은 심장의 살과 비슷한 살로 구성되어 있다는 점, 심장 속에는 언제나 신체의 다른 어느 곳보다 더 많은 열이 있다는 점, 끝으로 몇 방울의 피가 심실로 들어가면 이 열에 의해 심실이 신속하게 부풀어 커지게 되는 것은 마치 액체를 아주 뜨거운 그릇 속에 한 방울씩 떨어뜨릴 때와 대체로 같다는 점도 살펴볼 것을 권한다.

왜냐하면 이러한 것들을 살펴보면, 다음과 같은 사실만으로도 심장의 운동을 충분히 설명할 수 있기 때문이다.

즉 심장의 심실에 피가 가득 차 있지 않을 때 피는 반드시 대정맥에서 오른쪽 심실로 흘러들어가고, 또 정맥성 동맥에서 왼쪽 심실로 흘러들어간다. 이것은 대정맥과 정맥성 동맥에는 항상 피가 가득 차 있으므로, 이때 그 피가 심장으로 들어가는 입구들이 막혀 있을 수 없기 때문이다. 그러나 이렇게 두 방울의 피가 오른쪽과 왼쪽 각각의 심실로 들어가자마자, 이 방울들이 들어가는 입구가 아주 넓고 또 지나가는 관들이 피로 가득 차 있으므로 그 방울들은 [관들을 지나가려면] 더 커질 수밖에 없고, 심장 속의 열로 묽어지고 또 커지며, 그 결과 심장 전체가 부풀어 그 핏방울들이 지나간 두 개의 관 입구에 있는 다섯 개의 작은 문을 밀어 닫아버림으로써 피가 더 이상 심장으로 내려오지 못하게 막아준다. 이와 같이 그 두 방울의 피는 더욱 묽어지면서 다른 두 혈관[동맥성 정맥과 대정맥]의 입구에 있는 여섯 개의 문을 열고 나가 동맥성 정맥과 대동맥의 모든 가지를 심장과 거의 동시에 커지게 만든다.

그런데 심장으로 들어온 피가 곧바로 식기 때문에 심장은 오그라들고, 동맥도 오그라들게 된다. 그러면 동맥의 여섯 판막은 다시 닫히고, 대정맥과 정맥성 동맥의 다섯 판막이 다시 열리게 되어 다른 두 방울의 피를 통과시키는데, 이것들은 다시 앞의 두 핏방울과 똑같이 심장과 동맥들을 다시 커지게 만든다. 이렇게 심장으로 들어가는 피는 심이(心耳)라고 부르는 두 개의 주머니를 통과하기 때문에, 심이의 운동은 심장의 운동과 반대이므로 심장이 커질 때 심이는 오그라들게 된다.

그 밖의 것에 대해서는 수학적 증명의 힘을 알지 못하고 또 참된 추리를 단지 그럴듯한 추리와 구별하는 데 익숙하지 못한 사람들이 이러한 설명을 검토하지도 않은 채 함부로 부정하지 않기 위해 나는 다음과 같은 점을 알려 주고 싶다. 즉 내가 위에서 방금 설명한 심장의 운동은, 시계의 운동이 그 추와 바퀴의 힘·위치·모양에 따라 필연적으로 일어나는 것처럼, 심장에서 우리가 분명히 볼 수 있는 기관들의 배치, 손가락으로 느낄 수 있는 열, 실험을 통해 알 수 있는 피의 성질 때문에 필연적으로 일어난다는 것이다.

그러나 정맥의 피가 이렇게 줄곧 심장 속으로 흘러 들어가는데 어떻게 피가 마르지 않으며, 심장을 지나가는 모든 피가 동맥들 속으로 흘러 들어가는데 어떻게 동맥들이 피로 가득 차 넘치는 일이 없는지를 묻는다면, 나는 영국의 어떤 의학자47)가 이미 저술했던 사항을 언급하는

---

47) 영국의 의사이자 생리학자인 하비(W. Harvey, 1578~1657)는 심장

것만으로도 충분히 대답할 수 있다. 그는 이 문제를 해결할 실마리를 제시한 점에서, 그리고 '동맥들의 끝에는 조그만 통로들이 많이 있는데, 동맥들이 심장에서 받아들인 피는 이 통로들을 지나 정맥들의 작은 가지들로 들어가며 여기서 다시 또 심장으로 되돌아가므로, [결국] 피의 흐름은 끊임없는 순환 이외에 다른 것이 아니다.'라고 처음으로 가르쳐준 점에서 마땅히 칭송받을 만하다.

그는 이러한 사실을 외과 의사들이 흔히 실시하는 실험을 통해 아주 분명하게 증명하고 있다. 이 실험이란 팔의 정맥을 절개해 그 위의 부위를 적당히 강하게 묶으면, 그렇게 하지 않았을 때보다 거기서 피가 더 많이 나온다는 것이다. 그리고 그 아래의 부위, 가령 절개한 부위와 손 사이를 묶거나 그 위의 부위를 아주 강하게 묶으면, 정반대의 일이 일어난다는 것이다. 왜냐하면 붕대를 적당히 묶으면, 이미 팔 속에 있는 피가 정맥들을 지나 심장으로 돌아가는 것을 막을 수 있지만, 동맥들을 통해 새로운 피가 계속 더 흘러오는 것을 막을 수는 없기 때문이다. 이것은 동맥들이 정맥들보다 안쪽에 위치해 있고, 그 막들은 정맥들의 막들보다 더 단단해서 누르기 더 힘들

___

의 박동수를 측정해 운행 혈액량을 계산하고 혈액이 순환한다는 이론을 실험을 통해 입증함으로써 근대의 실험생리학의 선구자가 되었다.

며, 그래서 심장에서 오는 피가 동맥들을 지나 손으로 갈 때는 정맥들을 지나 손에서 심장으로 돌아갈 때보다 더 힘차게 흐르기 때문이다. 그리고 이 피는 정맥들 가운데 하나에 있는 입구를 통해 팔에서 흘러나오기 때문에, 묶은 붕대보다 아래쪽에, 즉 팔 끝[손]쪽에 어떤 통로들이 반드시 있어야만 하고, 여기를 통해 피는 동맥들에서 정맥들로 들어갈 수 있다.

또한 그 의학자는 피의 순환에 관한 자신의 주장을 다음과 같은 실험을 통해 아주 분명하게 증명하고 있다. 그 실험이란 정맥들을 따라 여러 군데에 있는 작은 판막들은 피가 신체의 중심에서 끝부분으로 가는 것을 막아주고 오직 끝부분에서 심장으로 되돌아가게 하며, 더구나 단지 한 가닥의 동맥만 자르더라도, 비록 심장과 아주 가까운 곳을 단단히 묶고 이곳과 심장 사이를 자른다 하더라도, 신체 속에 있는 모든 피는 아주 짧은 시간 안에 전부 흘러나오며, 따라서 이렇게 흘러나온 피가 심장 이외의 다른 곳에서 흘러나온다고 추정할 근거는 도저히 찾아볼 수 없다는 것이다.

하지만 이와 같이 피가 순환하는 참된 원인이 내가 말한 것과 같다는 사실을 보여주는 다른 증거들도 많이 있다.

가령 첫째, 정맥들에서 나오는 피와 동맥들에서 나오는

피의 차이는, 피가 심장을 통과함으로써 묽어지고 또 이른바 증류되기 때문에 심장에서 금방 나왔을 때, 즉 동맥들 속에 있을 때는 심장으로 들어가기 직전, 즉 정맥들 속에 있을 때보다 더 묽고 더 활발하며 더 뜨겁다는 사실이다. 또한 주의해 살펴보면, 우리는 이러한 차이가 심장에서 가까운 곳에서만 분명하게 나타나고, 심장에서 아주 먼 곳에서는 그렇게 분명하게 나타나지 않는다는 사실을 발견하게 될 것이다.

그 다음 [둘째] 동맥성 정맥과 대동맥을 구성하고 있는 막(膜)들이 단단한 것은 피가 정맥들에 대해서보다 동맥성 정맥과 대동맥의 막들에 더 강하게 부딪친다는 사실을 아주 분명하게 보여준다.

그리고 [셋째] 왜 왼쪽 심실과 대동맥이 오른쪽 심실과 동맥성 정맥보다 더 넓고 더 큰가? 이것은 정맥성 동맥 속의 피가 심장을 지난 다음에는 폐 속에만 있었으므로 대정맥에서 금방 나온 피보다 더 묽고, 더 힘차고 또 더 쉽게 묽어지기 때문이다.

또한 [넷째] 만약 의사들이 피의 성질이 변함에 따라 심장의 열에 의해 피가 묽어지는 정도가 이전보다 더 강해지기도 약해지기도 하며, 빨라지기도 느려지기도 한다는 사실을 알지 못한다면, 그들이 맥박을 짚어보더라도 무엇을 알아낼 수 있겠는가?

　그리고 [다섯째] 이 열이 어떻게 신체의 다른 부분들에 전달되는지를 살펴보면, 그것은 심장을 통과해 일단 더워진 피가 신체 전체로 퍼지기 때문일 뿐이다. 그렇기 때문에 신체의 어떤 부분에서 피를 제거하면, 동시에 열도 제거된다. 따라서 심장이 비록 불에 달군 쇠처럼 뜨겁더라도 계속 새로운 피를 보내주지 않는다면, 손발을 제대로 따뜻하게 해주지는 못할 것이다.

　나아가 [여섯째] 이러한 사실로 미루어 알 수 있는 것은 호흡의 진정한 용도는 폐 속으로 신선한 공기를 충분히 들여보냄으로써 심장의 오른쪽 심실에서 묽어지고, 마치 증기처럼 변형되어 폐로 들어온 피가 왼쪽 심실로 빠져 들어가기 이전에 폐에서 진하게 만들어 다시 이전과 같은 새로운 피로 만드는 것이다. 이러한 과정이 없다면, 피는 심장 속에 있는 불의 연료로 사용될 수 없을 것이다. 이것은 다음의 사실로도 확인된다. 즉 폐가 없는 동물들은 심장 속에 심실이 하나밖에 없으며, 태내(胎內)에 있는 동안 폐를 사용할 수 없는 태아는 피를 대정맥에서 왼쪽 심실로 흘려보내는 구멍 하나와, 폐를 거치지 않고 동맥성 정맥에서 대동맥으로 흐르게 하는 하나의 관을 갖는다는 사실이다.

그리고 [일곱째] 만약 심장이 동맥들을 통해 위(胃)에 열을 보내지 않고 또 위가 받아들인 음식물을 녹이는 데 도와주는 피의 가장 유동적인 어떤 부분들을 위에 보내지 않는다면, 어떻게 위에서 소화(消化)가 일어날 수 있겠는가? 또한 그 음식물의 즙(汁)이 아마 하루에도 백 번 혹은 2백 번 이상 심장을 통과하고 또 다시 통과함으로써 증류된다는 사실을 생각해보면, 이 즙을 피로 바꾸는 작용도 쉽게 이해될 수 있지 않겠는가?

게다가 [여덟째] 영양을 섭취하는 과정과 신체 속에 있는 여러 가지 체액(體液)들이 산출되는 과정을 설명하는 데는 다음으로도 충분하지 않겠는가? 즉 피가 묽어지면서 심장에서 동맥들의 끝부분으로 지나가는 힘은 그 피의 어떤 부분을 우연히 만난 신체의 각 부분 사이에 머물게 하는 한편 거기에서 이 부분이 내쫓아 밀어낸 [전에 그곳에 있던 피의] 다른 부분들의 자리를 차지한다. 또한 아마 누구나 보았듯이, 마치 크기가 제각기 다른 구멍을 가진 채들이 크기가 다른 곡물의 낟알을 가려낼 수 있는 것처럼, 피가 만나는 구멍의 위치나 모양 혹은 크기에 따라 피의 어떤 부분은 일정한 장소를 차지하게 된다.

끝으로 [아홉째] 이 모든 것에서 가장 주목할 만한 사실은 동물의 정기(精氣)가 발생하는 것인데, 아주 미세한 공기를 닮은 혹은 오히려 매우 순수하고 아주 강렬한 불꽃을 닮은 이것은 끊임없이 무수히 많은 양으로 심장에서 뇌(腦) 속으로 올라가 여기에서 신경들을 거쳐 근육들 속으로 들어감으로써 신체의 모든 부분에 운동할 수 있는 힘을 전달해 준다.

피의 부분들 가운데 가장 활동적이고 침투력이 가장 강하므로 동물의 정기를 형성하는 데 가장 적합한 이 부분이 다른 곳이 아니라 바로 뇌로 가는 이유는 동물의 정기를 뇌로 보내는 동맥들이 모든 동맥 가운데 가장 직선적으로 심장으로부터 온다는 사실 이외에 다른 것을 생각해볼 필요는 없다. 그리고 심장의 왼쪽 심실로부터 나와 뇌를 향해 흘러가려는 경향이 있는 피의 부분들의 경우에서처럼, 많은 것들이 동시에 같은 지점으로 함께 움직이려는 경향이 있고 또 이것들 모두를 받아들일 만큼 충분한 장소가 없을 때는, 자연의 법칙과 동일한 역학(力學)의 법칙에 따라 가장 약하고 가장 활동적이지 않은 부분들은 더 강한 부분들에 의해 필연적으로 밀려날 수밖에 없고, 그 결과 더 강한 부분들만 뇌에 도달하게 된다.

나는 이 모든 것을 이전에 출판하려고 했던 논문에서 아주 자세히 설명했다. 그리고 다음과 같은 것도 설명했다. 즉 목을 잘랐을 때 그 머리는 이제 생명이 없음에도

불구하고, 잘린 직후에는 그래도 조금 동안 움직이고 땅
바닥을 덥석 깨물듯이, 동물의 정기가 신체의 내부에서
신체의 마디들을 움직일 수 있는 힘을 가지려면 신경들
과 근육들의 구조가 어떻게 조직되어야만 하는지, 잠에서
깨거나 잠을 자고 또 꿈을 꾸게 하는 데는 뇌 속에 어떤
변화가 일어나야만 하는지, 빛·소리·냄새·맛·열 및
외부의 대상에 속하는 다른 모든 성질이 어떻게 감각기
관을 통해 뇌 속에 다양한 관념들을 새겨 넣을 수 있는
지, 굶주림이나 목마름 혹은 다른 내적 정념(情念)들이
어떻게 뇌 속에 이러한 관념을 전달할 수 있는지, 이 관
념들을 받아들이는 장소인 공통감각48)은 어떤 것으로 간
주되어야 하는지, 관념들을 보존하는 기억은 어떤 것인
지, 관념들을 다양한 방식들로 변화시키고, 이것들로부터
새로운 관념을 형성하며, 이렇게 함으로써 동물의 정기를
근육들 속으로 들어가게 분포시켜 우리의 신체마디들이
자유로운 의지에 의해 인도되지 않고 움직일 수 있을 때
못지않게 다양한 방식들로 또 신체의 감각에 제시되는
대상들이나 신체의 내적 정념들에 적합한 방식으로 신체
의 마디들을 움직일 수 있게 하는 상상이란 무엇인지를

---

48) 공통감각(sens commun)은 뇌의 중심에 있는 조그만 선(腺)으로, 모
든 감각적 인상의 상(像)이 나타나고 모이는 곳이다.

설명했다.

인간이 자신의 재능으로 아주 많은 뼈·근육·신경·동맥·정맥 혹은 각 동물의 신체 속에 있는 다른 모든 부위와 비교하면 아주 적은 부분들만으로도 얼마나 많은 여러 가지 자동기계(自動機械), 즉 움직이는 기계를 만들 수 있는지를 아는 사람은 이러한 사실을 전혀 이상하게 생각하지 않을 것이고, 신의 손으로 창조된 동물의 신체를 인간이 만들어낼 수 있는 어떤 기계보다 전혀 비교할 수 없을 만큼 잘 배열되어 있고 또 그 자체로 매우 탁월한 운동을 하는 기계로 간주할 것이다.

여기서 나는 특히 다음과 같은 점을 분명히 밝히려고 설명을 잠시 멈추었다. 즉 원숭이나 이성이 없는 어떤 다른 동물과 똑같은 기관(器官)들과 겉모양을 가진 기계들이 있다면, 우리는 이 기계가 그 동물들과 동일한 본성을 갖지 않았다는 사실을 확인할 수 있는 어떠한 수단도 없을 것이라는 점이다. 다른 한편 만약 우리의 신체를 닮았고 또 실제로 할 수 있는 한 우리의 행동들을 모방하는 기계가 있더라도, 그렇다고 해서 그 기계가 진정한 인간일 수 없다는 사실을 알아볼 수 있는 아주 확실한 수단 두 가지를 우리는 항상 갖고 있다는 점이다.49)

49) 이와 같은 서술은 현대의 심신문제(mind-body problem)나 첨단 인

첫째 수단은, 그 기계가 우리가 다른 사람들을 위해 우리의 생각을 기록할 때처럼, 말을 사용하거나 말을 대신한 다른 기호들을 사용하는 일은 결코 없다는 것이다. 물론 기계가 말을 발설하게, 심지어 그 기관들에 어떤 변화를 일으키는 물질적 작용에 따라 어떤 말을 발설하게, 가령 그 기계의 어디를 만지면 '무엇을 말하고 싶은가?' 라고 묻고 또 다른 곳을 만지면 '아프다!'고 소리치게 만들 수 있다는 것 등을 생각해볼 수는 있다. 그러나 그 기계는 자기 앞에서 말해질 수 있는 모든 것의 의미에 적절하게 대답할 정도로 자신의 말들을 다양하게 배열할 수는 없지만, 아무리 우둔한 사람이라도 그렇게 할 수는 있다.

둘째 수단은, 그 기계가 우리 가운데 누구 못지않게 혹은 종종 더 잘 많은 일들을 처리하더라도 처리할 수 없는 다른 일들도 있다는 사실을 통해 우리는 그 기계가 인식(認識)한 것에 의해서가 아니라 오직 기관(機關)들이 어떻게 배치(配置)되었는가에 의해서만 움직인다는 것을 발견하게 된다. 왜냐하면 이성은 모든 상황에 적절하게 대처할 수 있는 보편적인 도구인 반면, 그 기계의 기관들이 어떤 특별한 행동을 하려면 이에 필요한 어떤 특수한

공지능(AI)을 갖춘 로봇 등과 관련된 논의들에 많은 시사점을 줄 수 있다.

배치가 이 기관들 속에 이루어져야 하지만, 우리의 이성이 우리가 행동하게 만드는 방식과 똑같이 삶의 모든 상황에서 행동하기에 충분할 만큼 다양한 배치가 어떤 기계 속에 이루어져 있다는 것은 사실상 불가능한 일이기 때문이다.

따라서 우리는 이 두 가지 수단을 통해 인간과 짐승의 차이를 알아볼 수 있다. 왜냐하면 아무리 우둔하고 어리석을지라도, 심지어 바보와 같더라도, 인간이라면 자신의 생각을 알리기 위한 논의거리를 형성하면서 여러 가지 말들을 함께 배열[정돈]할 수 있는 반면, 다른 동물은 아무리 완전하게 또 아무리 훌륭한 소질을 갖고 태어났더라도 이와 똑같은 일을 전혀 할 수 없다는 것은 아주 주목할 만한 사실이기 때문이다. 이것은 동물에 어떤 기관이 결여(缺如)되어서가 아니다. 왜냐하면 까치와 앵무새가 우리와 마찬가지로 말을 발설할 수 있지만, 우리가 하듯이 자신이 말하고 있는 것에 대해 생각하고 있다는 것을 분명하게 보여주기 위해 말할 수는 없기 때문이다. 다른 한편 선천적으로 귀가 먹고 벙어리인 사람이 다른 사람들에게 말하기 위해 사용하는 기관들을 짐승들과 똑같이 혹은 더 심하게 결여되었더라도, 통상적으로 자기 나름대로 어떤 기호들[수화(手話)]을 만들어냈으며, 이 기호들을 통해 자신의 언어를 배울 수 있을 만큼 시간적 여유가 있는 주변의 친구들에게 자신의 생각을 이해시킨다. 그리고 이러한 사실은 짐승이 인간보다 못한 이성을 갖고 있다는 점뿐만 아니라, 이성을 전혀 갖고 있지 않는다는 점을 보여준다. 왜냐하면 말을 할 수 있기 위해서는 이성이 아주 조금만 필요하다는 것이 분명하기 때문이다.

 그리고 인간들 사이에도 그렇듯이 같은 종(種)에 속하는 동물들 사이에도 서로 동등하지 않으며 그래서 어떤 것은 다른 것보다 더 쉽게 훈련을 받을 수 있다는 사실에 주목해 보면, 만약 그 동물들의 영혼이 우리의 영혼과 아주 다른 본성을 지닌 것이 아니라면, 그 종에서 가장 완전한 것으로 선택된 원숭이나 앵무새가 말을 사용한다는 점에서 가장 우둔한 아이나 적어도 뇌의 기능이 손상된 아이와 비교가 되지 않는다는 것은 믿을 수 없는 일이다. 하지만 우리는 말을 하는 것과 자연적인 동작들을 혼동하면 안 된다. 자연적인 동작들은 여러 가지 감정들을 드러내는 것으로, 동물들도 표명할 수 있을 뿐만 아니라 기계들도 모방해낼 수 있는 것이다.

 물론 어떤 고대인들50)이 생각했던 것처럼, 우리는 단

---

50) 여기에는 가령 물질적 원자의 운동에 자발성을 부여한 에피쿠로스 학파의 루크레티우스(Lucretius)를 들 수 있다.

지 우리가 짐승들의 언어를 이해하지 못하더라도 짐승들이 말을 한다고 생각해서도 안 된다. 왜냐하면 만약 이러한 생각이 사실이라면 짐승들은 우리가 가진 것과 유사한 기관들을 많이 갖고 있을 것이고, 그래서 자기들끼리뿐만 아니라 우리와도 의사를 소통할 수 있을 것이기 때문이다. 더구나 많은 동물들은 어떤 행동들에서 우리보다 더 많은 재능을 보여주지만, 다른 많은 행동들에서는 전혀 그렇지 못하다는 것도 아주 주목할 만한 사실이다. 그러므로 동물들이 우리보다 [어떤 행동들을] 더 잘한다는 사실이 곧 동물들이 정신을 갖고 있다는 사실을 증명하는 것은 아니다. 왜냐하면 만약 동물들이 정신을 가졌다면, 동물들은 우리 가운데 누구보다도 정신을 더 많이 갖고 있을 것이고, 그래서 모든 일에서 우리보다 더 잘할 수 있을 것이기 때문이다. 오히려 그것은 동물들이 정신을 전혀 갖고 있지 않으며, 기관들의 배치에 따라 움직이는 것이 바로 동물들의 본성이라는 것을 보여준다. 이것은 마치 오직 바퀴와 태엽만으로 구성된 시계가 우리가 모든 재능을 기울여 할 수 있는 것보다 더 정확하게 시간을 측정하고 알려줄 수 있는 것과 마찬가지이다.[51]

---

51) 이처럼 데카르트는 아리스토텔레스와 달리 동물이나 식물의 영혼을 부정하고, 오직 이성을 갖춘 인간의 영혼만 인정했다. 따라서 그 밖의 모든 생물은 기계이며, 그 활동은 기계적 운동으로 설명했다.

그런 다음 나는 이성적 영혼을 기술했고, 이 영혼은 이 제껏 말한 다른 것과 마찬가지로 물질의 힘으로부터 이 끌어내질 수 있는 것이 아니라, 명백히 창조된 것이 아닐 수 없다는 사실을 밝혔다. 또한 이성적 영혼은, 어쩌면 단지 손발을 움직이기 위해서만이 아니라면, 길잡이 선원이 자신의 배 안에 있듯이,52) 인간의 신체 속에 깃들여 있다는 말만으로는 충분치 않다는 사실을 밝혔다. 나아가 우리 자신이 갖고 있는 것과 같은 감각과 욕망을 가지며, 그래서 진정한 인간을 형성하기 위해 이성적 영혼은 신체와 보다 밀접하게 하나로 결합되어야 한다53)는 사실을 밝혔다.

끝으로 나는 그 논문에서, 영혼의 문제가 가장 중요한 문제들 가운데 하나이므로, 영혼의 문제를 좀더 확대해 설명했다. 왜냐하면 나는 신을 부정하는 사람들의 오류를 이미 충분히 반박했다고 생각하지만, 이러한 오류 이외에 나약한 정신[을 지닌 사람들]을 덕(德)의 올바른 오솔길에서 벗어나게 실제로 만드는 오류는 오직 '짐승의 영혼

---

52) 플라톤은 『파이돈』(Phaidon) 85d에서 영혼과 육체의 관계를 이렇게 배(육체) 안에 있는 선원(영혼)으로 비유했다.

53) 데카르트는 사유실체인 영혼과 연장실체인 물체가 서로 평행한다는 심신(心身) 이원론을 주장하면서도 오직 인간에게 이 둘이 서로 긴밀한 관련을 맺고 있다는 점을 규명하려 했으나, 간뇌(間腦) 송과선(松科腺)이 연결축이라고 추정하는 데 그쳤다.

이 우리의 영혼과 동일한 본성을 지녔고, 따라서 이 세상의 삶 이후에 파리들이나 개미들과 같이 우리가 두려워할 것도 기대할 것도 전혀 없다고 상상하는 것'뿐이기 때문이다. 하지만 실제로 짐승의 영혼과 우리의 영혼이 얼마나 다른지를 알게 되면, 우리는 우리의 영혼이 그 본성에서 전적으로 신체와 관련이 없는 것이며, 따라서 신체와 더불어 죽게 되는 것이 아니라는 사실을 증명해 주는 근거들을 더 잘 이해하게 된다. 그리고 영혼을 파괴할 수 있는 다른 어떤 원인들도 알아낼 수 없으므로, 우리는 당연히 영혼이 죽지 않은 것(不滅)이라고 판단하게 된다.

▶▶ 생각해볼 거리 ◀◀

1. 데카르트는 아무리 정교한 자동기계나 정밀한 인공지능을 지닌 로봇이라도 두 가지 점에서 인간과 다르다고 한다. 그것이 무엇인지 생각해보자.

2. 인간이 사용하는 언어와 동물들 사이에 혹은 인간과 동물이 주고받는 언어(또는 소리)는 어떠한 점에서 차이가 있는가?

3. 데카르트는 동물들은 정신(이성)을 전혀 갖지 않고 기관들의 배치에 따라 움직일 뿐이라고 주장한다. 이러한 견해에 동의하는가? 동의하지 않는다면, 무엇 때문인지 구체적 예를 들어 밝혀보자.

제6부

자연 탐구에 필요한 것과 이 책을 쓰게 된 동기

이 책을 출판하게 된 동기는 내가 획득한 자연학의 원리들이 사변적인 철학보다 매우 유익하며 다양한 분야에 적용될 수 있기 때문에 숨겨둘 수 없을 뿐만 아니라, 혹시 숨겨둔다면 온 힘을 다해 인류의 행복을 도모하라는 율법을 어기는 일이기 때문이다.

　　그리고 내가 발견했던 것을 모두 충실하게 밝힘으로써 유능한 사람들이 서로 협력해 정밀한 실험을 명백하게 실시하고 그 결과 발견한 것도 대중에게 알려서 후세 사람들이 이 바탕 위에서 시작해 더욱 진전해나갈 수 있기 때문이다.

　　내가 썼던 것 혹은 발견했던 진리 때문에 일어날 근거 없는 반발들과 소모적인 논쟁을 우려해 출간을 보류했으나, 출판을 중단한 원인이 사실과 다르게 추측되어 나쁜 평판을 받는 것과, 수많은 실험들을 혼자 할 수 없으므로 진리추구의 계획이 점차 늦어질 뿐만 아니라 후세에 좋은 것을 물려주지 않았다는 비난을 받기 싫기 때문이다.

　　이 책을 스승들의 언어인 라틴어가 아니라 조국의 언어인 프랑스어로 쓰는 이유는 옛날의 책들만 믿는 사람들보다 좋은 정신(자연적 이성)만 사용하는 사람들이 내 의견을 더 올바르게 판단해줄 것이라 기대하기 때문이다.

3년 전에 이미 나는 이 모든 내용을 포함한 논문을 완성해 출판사에 넘겨주기 위해 수정하고 있었다. 그런데 내가 그들의 의견을 존중하는 [교황청]사람들, 나 자신의 이성이 내 생각에 미치는 힘보다 그들의 권위가 내 행동에 미치는 힘을 더 가질 수밖에 없는 사람들이 얼마 전에 어떤 사람54)이 발표한 자연학(自然學)을 옳지 않다고 단죄했다는 소식을 들었다. 나는 그의 견해에 동조한다고 말하지는 않겠지만, 그 사람들이 [그의 견해를] 검열하기 전에는 종교나 국가에 해롭다고 생각해볼 만한 것을 그의 저술에서 전혀 발견할 수 없었기 때문에, 만약 나의 이성이 그러한 견해를 쓰라고 설득했다면, 주저할 이유가 결코 없었을 것이라고 말하겠다.

그래서 나는 내가 아주 확실하게 증명할 수 있는 것이 아니라면 어떤 새로운 의견도 내 신념 속에 결코 받아들이지 않겠다고, 또 어떤 사람에게라도 해로울 수 있을 것이라면 어떤 의견도 전혀 쓰지 않겠다고 항상 매우 조심해 왔지만, 그와 같은 사건이 일어난 것을 본 다음에는, 혹시 내 의견들 가운데도 잘못된 것이 있지 않은지 두려웠다. 이러한 상황은 내가 그 논문을 발표

---

54) 이것은 갈릴레이(G. Galilei, 1564~1842)를 가리킨다. 그는 로마교회의 교리에 어긋난 지동설을 지지했다고 1633년 종교재판에 회부되었다.

하겠다는 결심을 변경 시키기에 충분했다.

내가 이전에 그렇게 결 심했던 이유들이 매우 강력한 것이었지만, 본 래 책을 쓰는 것을 언 제나 싫어하는 내 성향 은 책을 쓰지 않아도 좋을 만한 다른 충분한 이유들을 찾아냈다. 나 는 그 논문을 출판해야 할지 아닌지에 관한 이 러저러한 이유들을 세 상 사람들도 흥미를 갖 고 알고 싶을 것 같기

프랑드르의 수스터만(Justus Sustermans, 1597~1681)이 그린 갈릴레이 초상화

때문에 여기서 말해 보겠다.

　나는 내 자신의 정신에서 나온 것을 아주 대단한 것이 라고 여긴 적이 결코 없으며, 내가 사용한 방법으로 얻은 성과가 사변적 학문들에 속하는 어떤 어려운 문제들에 대해 스스로 만족한 것이라면 혹은 그 방법이 나에게 가 르쳤던 근거들에 따라 내 행동을 규제하려고 노력한 것

이라면, 이에 관해 무엇이든 써야만 한다고 전혀 생각하지도 않았다. 왜냐하면 [도덕]행위에 대해서는 사람마다 자기 자신의 상식을 굳게 믿고 있으므로, 신이 백성의 군주로 세웠던 사람이나 적어도 예언자가 되기에 충분한 은총과 열정을 주었던 사람이 아닌 다른 사람들에게 [도덕]행위를 변경시키는 일이 허용된다면, 그러한 사람의 수만큼이나 개혁자가 나타날 것이기 때문이다. 또한 나의 사변(思辨)이 나에게 아주 커다란 즐거움을 주지만, 다른 사람들도 아마 심지어 더 이상으로 자신들에게 즐거움을 주는 사변을 가졌을 것이라고 생각했다.

그러나 내가 자연학에 관한 몇 가지 일반적 개념[원리]들을 획득하고 이것들을 여러 가지 특수한 어려운 문제들에 적용해 보기 시작하면서, 이것들이 어디까지 미칠 수 있고 또 사람들이 이제까지 사용해 왔던 원리들과 얼마나 다른지를 알게 되자마자, 나는 이 개념[원리]들을 숨겨둘 수 없으며, 만약 숨겨둔다면, 우리에게 주어진 모든 힘을 다 바쳐 모든 인류의 전체적 행복을 도모하라는 율법에 크게 죄를 짓는 일이라고 믿었다. 왜냐하면 그 일반적 개념[원리]들이 우리의 삶에서 아주 유익한 지식을 획득할 수 있으며, 강단에서 가르치는 사변적 철학 대신 실제적인 것[철학]을 발견할 수 있고, 이것으로 우리가 불·물·공기·별·하늘 및 우리의 주변에 있는 모든 물체의 힘과 작용을, 마치 우리가 장인(匠人)들의 여러 가지 숙련된 기능들을 알게 되듯이, 판명하게 알게 되어 장인들처럼 이것들을 모두 적절한 곳에 사용하고, 그래서 우리 자신이 '자연의 주인이자 소유자'55)가 되는 사실을 보여주기 때문이다.

　이것은 아무런 힘도 들이지 않고 지상의 열매와 그 모든 편의를 얻게 해주는 무수한 기술(技術)의 발명을 위해 바람직할 뿐만 아니라, 대개 이 세상의 삶에서 의심할 여지없이 최고의 선(善)이자 다른 모든 선의 기초인 건강(健康)을 유지하기 위해서도 바람직하다. 왜냐하면 정신조차도 신체의 기질과 그 기관들의 배치에 아주 크게 의존하므로, 만약 인간을 전체적으로 지금보다 더 현명하고 유능하게 만드는 수단을 발견할 수 있다면, 그것은 바로 의학(醫學)에서 찾아야만 한다고 믿기 때문이다.

---

55) 데카르트가 사변적 스콜라철학을 넘어서서 실제적 삶에 유용한 지식을 발견하려 했던 측면은 매우 커다란 의미를 부여할 수 있다. 하지만 그 결과 인간을 이렇게 '자연의 주인이자 소유자'로 파악한 점이나 물심평행(物心平行) 이원론은, 주관(인간)과 객관(자연)이 분리되고 우월성에 의해 지배구조를 갖게 됨으로써 야기된 현대의 심각한 환경위기 상황에서는 비판적으로 반성해 보아야 할 측면도 적지 않다.

파리 생 제르망(Saint-German) 수도원에 있는 데카르트의 무덤(왼쪽)과 그 묘비명(오른쪽)

현재 널리 쓰이는 의학은 주목할 만한 유용성이 별로 없다는 것이 사실이다. 그러나 현재의 의학을 비난할 의도는 없지만, 의학에서 사람들이 오늘날 알고 있는 모든 것은 미래에 알려지게 남아 있는 것과 비교하면 거의 아무것도 아니라는 점을 인정하지 않는 사람은 전혀 없으며, 의학연구를 직업으로 갖고 있는 사람들조차도 없다고 나는 확신한다. 그리고 신체와 정신의 무수한 질병들에 대해, 더구나 어쩌면 늙어 허약해지는 증상에 대해 우리가 그 원인들과 자연이 우리에게 마련해 준 모든 치료법을 충분히 알게 되면, 이러한 질병들로부터 벗어날 수 있다고 나는 확신한다.

하지만 나는 모든 생애를 바쳐 이처럼 절실하게 필요한 학문을 탐구하기로 결심했으며, 또 일찍 죽게 되거나 실험이 부족해 방해를 받지 않는다면 틀림없이 그러한 학문에 도달할 수 있을 것으로 보이는 오솔길을 발견했으므로, 이 두 가지 걸림돌에 대비하려면 다음과 같이 하는 것이 가장 좋겠다고 판단했다. 즉 내가 발견했던 얼마 안 되는 것을 모두 충실하게 대중에 알려 유능한 사람들이 더욱 전진해나가는 데 기여하고, 그들의 성향과 능력에 따라 필요한 실험들에 협력하도록 이끌며, 그래서 그들도 자신이 발견할지도 모를 모든 것을 대중에 알리도록 권해서 후세 사람들은 이전 사람들이 끝내 놓은 곳에서부터 시작하게 하는 것이 가장 좋겠다고 판단했다. 그래서 많은 사람들의 생애와 업적을 결합시킴으로써 우리는 어느 누가 특별히 그렇게 하는 데 성공을 거두는 것보다 집단적으로 더 멀리 전진해나가게 될 것이다.

그런데 실험에 관해서는, 우리의 지식이 진보할수록 실험이 더 필요하다는 사실을 나는 깨달았다. 왜냐하면 처음에는 우선 그 자체가 자발적으로 우리의 감각에 나타나고 또 우리가 조금만 살펴보아도 모를 수는 없을 실험

들을 이용하는 것이
아주 드물고 이해하
기 까다로운 실험들
을 찾는 것보다 낫
기 때문이다.

이렇게 아주 드문
실험들은, 우리가 더
흔한 일들의 원인을
아직 알지 못하다면,
종종 우리를 속이며,

데카르트에게 철학을 배우고 있는 스웨덴 여왕 크리스티나

그 실험들이 의존하는 조건들이 거의 언제나 아주 특수하
고 미세해서 그 조건들을 파악하기 매우 어렵기 때문이다.

어쨌든 내가 이러한 문제에서 따랐던 순서는 다음과
같다.

첫째, 나는 세계에 있거나 있을 수 있는 거의 모든 것
의 원리들 혹은 제1원인들을 일반적으로 발견하려고 했
으며, 이렇게 하기 위해 세계를 창조한 신(神)만을 고찰
했고, 그 원리들을 우리의 영혼 속에 본래부터 있는 진리
들의 어떤 씨앗에서만 이끌어내려고 했다.

다음에[둘째], 나는 이 원인들로부터 이끌어낼 수 있는
최초의 또 가장 정상적인 결과가 무엇인지를 살펴보았다.

그래서 하늘·별들·지구 그리고 지구 위에 있는 물·공기·불·광물 및 모든 것 가운데 가장 흔하고 단순한 것, 따라서 가장 알기 쉬운 다른 것들을 발견했다고 생각한다.

　그 다음[셋째], 내가 더 특수한 것으로 내려가려고 할 때 너무나 다양한 것들이 나타났기 때문에, 결과들에 의해 원인들에 거슬러 올라가거나 또 많은 특수한 실험들을 해보지 않는다면, 인간의 정신이 지상에 있는 물체들의 형상(形相)이나 종(種)을 신의 의지(意志)가 지상에 설정했다면 그럴 수 있을 무수한 다른 것들과 구별해낼 수는 없으며, 따라서 그것들을 이용할 수도 없다고 생각했다.

　이어서[넷째], 나는 이제까지 나의 감각에 나타났던 것들을 두루 살펴본 결과 모두 내가 발견했던 원리들로 아주 쉽게 설명할 수 없는 것은 정말 없었다고 감히 말할 수 있다. 하지만 자연의 힘은 아주 풍부하고 거대하며 또 그 원리들은 아주 단순하고 일반적이기 때문에, 나는 어떤 특수한 결과도 원리들로부터 다양한 많은 방식들로 연역될 수 있다는 것을 내가 즉시 인식할 수 없을 만한 결과는 거의 없다는 사실을 알고, 내가 직면한 가장 어려운 문제는 일반적으로 이 가운데 어떤 방식으로 결과가 원리들에 의존하는지를 발견하는 것이었다고 인정하지 않을 수 없다. 왜냐하면 이러한 점에 대해서 나는 그것을 설명하는 방식들 가운데 어떤 방식에 따라 설명하면, 이와 다른 방식에 따라 설명하는 것과 그 결과가 동일하지 않은 종류의 실험들을 다시 찾아내려고 하는 것 이외에 다른 어떤 방안도 알지 못하기 때문이다.

그 밖의 것에 관해서는, 이제 나는 이러한 목적을 수행하는 데 도움이 될 대부분의 실험들을 위해 어떠한 과정이 적용되어야만 하는지를 아주 분명하게 알아낼 만한 위치에 이르렀다. 하지만 그러한 실험들이 아주 복잡하고 많기 때문에, 내 능력으로도 또 내 수입으로도, 비록 내 수입이 지금의 천 배가 되더라도, 그 실험들을 전부 실시할 만큼 충분하지 않다는 것도 잘 안다. 따라서 이제부터는 내가 그러한 실험들을 얼마나 실시할 수 있는지에 비례해 그 만큼 나는 자연에 대한 인식에 도달하게 될 것이다.

이것이 바로 내가 썼던 시론(試論)이 알려주려고 했던 것이다. 그리고 나는 이 시론으로부터 대중이 받을 수도 있는 혜택을 분명히 밝힘으로써, 인류 전체의 복리(福利)를 진정으로 바라는 모든 사람, 즉 겉모습이나 의견으로만이 아니라 실제로 정말 덕(德)이 있는 모든 사람이 자신이 이미 실시한 실험들을 나에게 전해주고, 또 여전히 더 수행되어야만 할 실험이 무엇인지 연구하는 데 나를 도와주기를 기대했다.

그러나 그 후에 나에게는 이러한 견해를 바꾸게 만든 다른 이유들이 생겼다. 물론 나는 중요하다고 판단한 것들을 모두 이것들이 참된 것이라고 발견할 때마다 계속 써 두고, 이렇게 쓴 것들에 대해 인쇄하려고 할 때와 같은 주의를 기울여야만 한다고 생각했다. 이와 같이 생각한 것은, 한편으로는 내가 썼던 것을 조심스럽게 검토할 수 있는 기회를 더 많이 갖기 위한 것이다. 우리는 많은 사람들이 보게 될 것에 대해서는 단지 자신만을 위한 것보다 항상 더 세심하게 살펴보기 마련이기 때문이다. 그리고 내가 썼던 것을 생각하기 시작할 때는 참된 것이라고 여겼던 것도 실제로 종이 위에 옮겨 놓으려고 할 때는 잘못된 것으로 밝혀진 적도 종종 있기 때문이다. 다른 한편으로는 내가 대중에 이익을 줄 수 있다면 그 기회를 잃지 않기 위한 것이다. 내가 썼던 것에 어떤 가치가 있다면, 내가 죽은 다음에도 이것을 보게 될 사람들이 아주 적절하게 활용할 수 있기 때문이다.

어쨌든 나는 내가 썼던 것을 살아 있을 때 출간해서는 안 된다고 생각했다. 내 책이 아마도 불러일으킬 반발들이나 논쟁들이, 혹은 나에게 돌아올지 모를 명성이 내가 나 자신을 교육할 시간을 빼앗지나 않을까 염려하기 때문이었다. 비록 모든 사람은 자신의 모든 힘을 다해 다른 사람들이 선(善)을 얻을 수 있게 도와주어야만 한다는 말과, 누구에게도 소용이 없는 것은, 일반적으로 말하면, 아무런 가치도 없는 것이라는 말이 옳다고 하더라도, 동시에 우리가 하는 배려는 현재보다 더 멀리까지 미쳐야 한다는 말과, 우리의 자손들에게 더 많은 다른 이익을 주려고 하는 의도라면, 현재 살아 있는 사람들에게 아마 약간의 이익을 주게 될 것은 무시해도 좋다는 말도 옳을 것이다.

이와 마찬가지로 나는 사람들이 내가 이제까지 알았던 약간의 것은 모르는 것에 비하면 거의 아무것도 아니며, 또한 내가 모르는 것을 배울 수 있다는 희망을 포기하지 않고 있다는 사실을 알아주기 바란다. 왜냐하면 학문에서 진리를 조금씩 발견하는 사람들의 경우는 부(富)를 쌓기 시작한 사람이 이전에 가난했을 때 조그만 부를 모으려고 기울였던 것보다 훨씬 적은 노력으로도 큰 재산을 얻게 되는 경우와 거의 같기 때문이다. 혹은 그러한 사람들을 군대의 사령관에 비교할 수 있는데, 사령관의 힘은 보통 승리를 거두는 데 비례해 커지게 되며, 어떤 전투에서 패배한 후에도 자신의 군대를 단결시키려면 승리한 후에 여러 도시나 지방을 점령하는 것 이상의 통솔력이 요구된다. 왜냐하면 진리의 인식에 도달하는 것을 방해하는 모든 어려움과 오류를 극복하려고 노력하는 사람은 실제로 전투를 벌이는 것과 같으며, 조금은 일반적이고 중요한 문제를 다루는 데 어떤 그릇된 의견을 받아들이는 것은 전투에서 패배하는 것이기 때문이다. 그리고 그릇된 의견을 [일단] 받아들인 다음에 이전의 상태로 되돌아가는 데는 이미 확실한 원리들을 갖고 크게 전진해나가는 데 필요한 것보다 훨씬 더 많은 수완이 요구된다.

나 자신에 관해 말하자면, 만약 내가 이전에 학문에서 어떤 진리들을 발견했다면(나는 이 책에서 쓴 것들이 내가 어떤 진리들을 발견했다는 사실을 보여줄 것으로 기대한다), 그것은 내가 극복했던 대여섯 가지 중요한 어려운 문제들로부터 나온 또 이 문제들에 의존하는 결과인데, 나는 그만큼[대여섯 번]의 전투들에서 다행히 모두 승리했다고 감히 말할 수 있다. 그리고 내 계획을 완전히 성취하기 위해서는 그와 비슷한 [다른] 전투들에서 [앞으로] 두세 번만 승리하는 것으로도 충분하다고 생각하며, 또한 내 나이가 그다지 많지 않으므로 자연의 통상적인 진행에 따라 내 계획을 완전히 성취하려는 목적으로 볼 때 시간적으로 충분한 여유가 아직은 있다고 감히 말할 것이다. 하지만 나에게 남은 시간을 잘 사용할 수 있다는 희망을 가질수록 그만큼 더 그 시간을 절약해야만 한다고 믿는다. 내가 만약 내 자연학의 토대가 되는 것들을 발표했었다면, 많은 시간을 잃어버릴 기회가 틀림없이 많았을 것이다. 왜냐하면 비록 내 자연학의 토대가 되는 것들이 거의 모두 아주 명증적이므로 그것들을 받아들이기 위해서는 그것들을 이해하는 것만이 필요할 뿐이며, 또한 비록 내가 그것들에 대해 증명을 제시할 수 없다고 믿는 것은 전혀 없다고 하더라도, 내가 내 자연학의 토대가 되는 것들을 발표한 것이 다른 사람들의 다양한 모든 의견과 일치할 수는 없으므로, 이러한 사실이 불러일으킬 반론에 휘말려 나의 주된 계획으로부터 종종 벗어나 시간을 소비했을 것이라고 예상하기 때문이다.

그런데 사람들은 이러한 반론들이 유익할 수 있다고 말할지도 모른다. 즉 내가 나의 오류들을 깨닫게 해주고, 만약 내가 어떤 만족할 만한 결론에 도달했다면, 그 반론들을 통해 다른 사람들이 이것을 더 잘 이해할 수 있게 해주며, 어느 한 사람보다 많은 사람들이 더 많이 볼 수 있으므로, 내가 발견한 것을 많은 사람들이 지금이라도 당장 활용하기 시작해 새로운 것을 발견하고, 그래서 나를 도와줄 수 있다고 말할지도 모른다.

그러나 비록 나 자신이 아주 쉽게 오류를 범할 수 있다는 점을 잘 알고 있더라도, 또 내가 처음으로 떠오른 생각은 거의 언제나 믿지 않더라도, 사람들이 나에게 제기했던 반론들에서 내가 겪었던 경험은 어떤 이익도 기대할 수 없다는 것이다. 왜냐하면 나는 이미 여러 번 내가 친구라고 여기는 사람들의 판단들뿐만 아니라, 나에 대해 좋게도 나쁘게도 생각하지 않는 사람들의 판단들도, 심지어 내 친구들은 우정 때문에 보이지 않는 것을 악의와 질투로 들추어내려고 애를 썼던 사람들의 판단들도 들어보았기 때문이다. 하지만 내 주제와 아주 다른 것이 아니라면, 내가 전혀 예견하지 않았던 반론은 거의 없었고, 따라서 내 의견에서 나 자신보다 더 엄밀하고 공정한 비판자를 거의 만날 수 없었기 때문이다. 그리고 강단에서 이루어진 논쟁들을 통해 우리가 이제까지 몰랐던 진리가 발견된 적은 한 번도 없다. 왜냐하면 각자 [논쟁에서] 상대방을 패배시키려고 애쓰는 동안에, 상대방이 주장하는 근거들을 비교하고 검토하기보다 그럴듯해 보이는 주장을 내세우는 데 더욱 열중하기 때문이다. 그래서 오랫동안 훌륭한 변호사로 지냈던 사람들이 반드시 나중에 뛰어난 재판관이 되는 것은 아니다.

[그리고] 다른 사람들이 내가 심사숙고한 생각들을 전달받았다고 얻을 수 있는 이익도 그렇게 크지는 않을 것이다. 왜냐하면 나는 내 생각들을 실제로 적용하기 이전

에 많은 것들이 첨가될 필요가 없을 만큼 그렇게 멀리까지 밀고나가지 못했기 때문이다. 그리고 나는 자만하는 것이 아니라, 이러한 일을 할 수 있는 사람이 있다면, 그것은 다른 누구보다 바로 나 자신이라고 말할 수 있다고 생각한다. 이것은 세상에 나보다 비교할 수 없을 정도로 뛰어난 지성을 지닌 사람들이 없다고 말하는 것이 결코 아니다. 그렇게 말하는 것은 다만 어떤 것을 다른 사람으로부터 배울 때는 자기 스스로 그것을 알아낼 때만큼 잘 이해하고 자신의 것으로 만들 수 없기 때문이다. 이러한 점은 지금 우리가 주제로 삼고 있는 것에서도 마찬가지이다. 나는 아주 뛰어난 지성을 지닌 사람들에게 내 의견들 가운데 어떤 의견을 종종 설명했었는데, 그들은 내가 이야기하는 동안은 아주 분명하게 이해하는 것처럼 보였지만, 그들 스스로 그 의견을 이야기할 때는 나는 그것이 도저히 내 의견이라고 할 수 없을 정도로 거의 항상 바뀌어버린 것을 알아차렸다.

그러므로 이 기회에 나는 내가 직접 발표하지 않은 것은, 비록 사람들이 내가 말했다고 하더라도, 결코 내 의견이라고 믿지 말라고 후세 사람들에게 부탁하고 싶다. 따라서 그 저서들이 전혀 남아 있지 않은 고대 철학자들[56]

56) 소크라테스 이전 철학자들은 그들 주장의 단편(斷片)들마저 플라톤

에 대해 사람들이 터무니없는 말을 하더라도 나는 전혀 놀라지 않을 뿐만 아니라, 그래서 그들의 사상이 아주 불합리했다고 판단하지도 않는다. 그들은 그들이 살았던 시대에 최고의 지성인들이었고, 단지 그들의 사상이 불완전하게 전해졌을 뿐이다. 또한 우리는 그들을 추종했던 제자들 가운데 그들을 능가한 사람은 아무도 없었다는 사실을 안다. 더구나 나는 오늘날 매우 열성적으로 아리스토텔레스를 추종하는 사람들은, 비록 아리스토텔레스보다 자연에 대한 지식을 더 많이 획득할 수 없는 상황에 있더라도, 그가 가졌던 지식만큼만 가졌다면, 스스로 행복한 사람으로 간주할 것이라고 확신한다. 그들은, 마치 담쟁이 덩굴처럼, 자기가 감고 있는 나무보다 더 높이 올라가려고 하지는 않고, 꼭대기에 기어오르면 다시 내려올 뿐이다. 이들은 [꼭대기에서] 다시 내려가게 된다고, 즉 연구를 전혀 하지 않았을 때보다 어떤 의미에서는 더 무지(無知)하게 된다고 나는 생각한다. 이들은 자신들이 추종하는 저자[사상가]가 분명히 이해할 수 있게 설명한 것을 모두 아는 데 만족하지 않고, 그 저자가 아무 말도 하지 않았고 심지어 생각조차도 하지 않은 많은 어려운 문제들의

과 아리스토텔레스를 통해서 소개되었고, 또한 그리스가 몰락한 이후에는 아리스토텔레스의 전통을 이어받은 아랍문화를 유럽이 중세 중반부터 받아들이면서 간접적으로 접할 수 있게 되었다.

해결방안을 그 저자에서 추가로 발견하려고 하기 때문이다.

물론 그들이 철학하는 방식은 아주 평범한 정신을 가진 사람에게는 매우 편한 것이다. 그들이 사용하는 구별들과 원리들이 애매하므로, 그들은 마치 무엇이든지 다 아는 것처럼 대담하게 말할 수 있고, 자신들의 주장하는 그 어떤 것도 가장 날카롭고 유능한 사람들에게 반박을 당하지 않고도 방어할 수 있기 때문이다. 이러한 점에서 그들은 장님이 정상적인 사람과 동등하게 싸우기 위해 정상적인 사람을 아주 컴컴한 동굴 속으로 깊숙이 끌어들이는 것과 비슷하다고 나는 생각한다.

그래서 나는 내가 사용한 철학의 원리들을 발표하지 않는 것이 그들에게는 유리할 것이라고 말할 수 있다. 왜냐하면 이 원리들은 실제로 매우 아주 단순하고 명증적이므로, 이것들을 발표한다면 나는 그들이 싸우려고 내려갔던 동굴에 몇 개의 창문을 내서 빛이 들어오게 하는 것과 같은 일을 하기 때문이다. 또한 가장 뛰어난 지성을 가진 사람들조차 이 원리를 알려고 하지 않을 것이다. 왜냐하면 만약 그들이 모든 것에 관해 말할 수 있고 학자라는 명성을 얻기 바란다면, 진리를 추구하는 것보다 오히려 진리인 것처럼 보이는 것에 만족하는 것이 더 쉬운 길이기 때문이다. 그것은 진리인 것처럼 보이는 것은 모든 종류의 문제에서 큰 노력을 기울이지 않아도 발견될 수 있지만, 진리는 어떤 영역들의 문제에서 오직 조금씩밖에 자신을 드러낼 뿐이며, 그 밖에 다른 문제들이 논의된다면, 자신은 모른다고 솔직히 고백해야만 하기 때문이다. 어쨌든 만약 그들이 모르는 것은 전혀 없다는 듯이 허영을 부리는 것보다 어떤 소수의 진리를 인식하는 것을 더 좋아한다면, 진리를 인식하는 것이 확실히 더 좋은 것이지만, 혹은 만약 그들이 내가 따랐던 것과 비슷한 항로(航路)를 따라가기를 바란다면, 나는 내가 이 '서설'에서 이미 말한 것 이외에 어떤 것도 더 말할 필요가 없다. 왜냐하면 그들이 내가 도달했던 지점을 넘어 앞지를 수 있다면, 내가 발견했다고 믿는 모든 것을 그들 스스로도 그만큼 더 발견할 수 있을 것이기 때문이다.

또한 나는 모든 것을 오직 그 순서에 따라서만 고찰했으므로, 내가 앞으로 발견해야 할 것은 이제까지 마주칠 수 있었던 어떤 것보다 그 자체로 더 어렵고 또 더 이해하기 어려운 것이라는 점이 확실하므로, 따라서 이러한 것을 나에게 배우기보다 그들 스스로 발견한다면 훨씬 더 큰 기쁨을 누리게 될 것이다. 더 나아가 그들이 처음에는 단순한 것들을 추구하고 그런 다음 조금씩 순서에 따라 더 어려운 다른 것들로 나아가게 익히는 습관은 내 모든 가르침보다 훨씬 더 그들에게 도움이 될 것이다. 사실 나 자신에 관해 말하면, 내가 나중에 증명했던 모든 진리를 이미 젊은 시절에 배웠다면, 또 그 진리들을 배우는 데 별로 고생하지 않았다면, 나는 아마 다른 어떤 진리들도 알지 못했을 것이고, 적어도 내가 추구하고자 전념하면 이에 비례해 언제나 새로운 진리를 발견했던 습관과 재능을 결코 획득하지 못했을 것이다. 요컨대 누구보다도 [이미] 시작했던 자가 가장 잘 성취할 수 있는 일이 세상에 있다면, 그것은 바로 내가 애쓰고 있는 일이다.

물론 이러한 일에 도움이 될 수 있는 실험들에 관해 말하면, 그 모든 실험을 어느 한 사람이 다 할 수는 없을 것이다. 그러나 기술자들이나 다른 사람들의 손, 즉 돈을 줄 수 있고 또 매우 효과적인 수단인 이득을 얻을 것이라는 희망으로 지시된 모든 것을 정확하게 실행할 수 있는 사람들의 손이 아니면, 자기 자신 이외에 다른 사람의 손을 충분히 유리하게 이용할 수는 없다. 왜냐하면 아마 호기심이나 지식욕에서 자발적으로 도와주겠다는 사람들은, 흔히 자기가 실제로 수행할 수 있는 것 이상을 약속하고, 훌륭하게 들리는 제안들을 계획하지만 정작 어떤 것도 실현해내지 못할 뿐만 아니라, 그들이 겪었던 고생의 대가로 반드시 어떤 어려운 문제들에 대한 설명이나 적어도 공허한 칭찬 또는 무익한 담화를 요구하는데, 이렇게 해주려면 많은 시간이 낭비되기 때문이다.

그리고 다른 사람들이 이미 했던 실험들에 관해 말하면, 실험들을 비밀로 여기는 사람들은 그 실험[결과]를 다른 사람들에게 결코 전해주지 않지만, 혹시 다른 사람들에게 전해주려고 하더라도, 대부분의 경우 많은 조건들이나 쓸데없는 요소를 수반하므로, 그 실험[결과]에서 진리를 끌어내는 것은 매우 어려운 일이다. 더구나 실험들을 실시했던 사람들이 그 실험[결과]들을 자신들의 원리들에 일치하는 것처럼 보이게 하려고 억지로 애쓰기 때문에 거의 모든 것을 아주 서툴게 심지어는 아주 틀리게 설명하고 있어, 그 가운데 간혹 도움이 될 수 있는 것이 있더라도, 시간을 들여가며 이것을 골라낼 만한 가치는 거의 없다. 그러므로 만약 가장 중요하고 또 대중에게 가장 유익할 수 있는 것들을 발견할 수 있다고 우리가 확실히 알고 있는 사람이 이 세상 어디엔가 있다면, 그래서 만약 다른 모든 사람이 모든 수단을 동원해 그를 도와서 그가 세웠던 계획을 완성시키고자 열망한다면, 그를 위해 할 수 있는 일은 실험에 필요한 경비를 지원해주는 것, 그 밖에 어느 누구의 방해로 그의 여가시간이 빼앗기지 않게 지켜주는 것밖에 없다고 나는 생각한다. 그러나 나는 어떤 특별한 것을 기꺼이 약속할 만큼 나 자신을 높이 평가하지도 않으며, 대중이 내 계획에 큰 관심을 기울일 것이라고 생각하는 헛된 환상에 빠져 있지도 않고, 내가 받을 만하다고 여길 수 없는 어떤 호의도 어느 누구로부터 기꺼이 받으려고 할 만큼 비굴한 마음도 갖고 있지 않다.

이렇게 심사숙고한 것들을 종합해본 결과, 3년 전에 나는 수중에 갖고 있던 시론(試論)을 출판하지 않겠다고 생각했으며, 더구나 내가 살아 있는 동안에는 아주 일반적이고 또 내 자연학(自然學)의 기초들을 이해할 수 있는 다른 어떤 논문도 발표하지 않겠다고 결심했다. 그러나 그 후에 다음과 같은 두 가지 다른 이유가 생겼기 때문에, 나는 이 책에서 몇 가지 특수한 시론(試論)[57]을 쓰고, 나의 행동과 계획에 대한 약간의 설명을 발표하지 않을 수가 없었다.

첫째, 만약 이렇게 하지 않으면, 내가 이전에 어떤 저술들을 출판하려는 의도를 알았던 많은 사람들이 내가 출판을 중단했던 원인을 실체의 사실 이상으로 나에게 더 불리하게 추측할지도 모른다는 것이다. 왜냐하면 나는 명예를 지나치게 바라는 사람이 아니며, 내가 무엇보다

---

57) 데카르트는 1637년에 이 책을 『굴절광학』(*La Dioptrique*), 『기하학』(*Les Mêtèores*), 『기상학』(*La Gèomèytie*)과 한데 묶어 출판했다.

소중히 여기는 마음의 평안을 해친다고 판단하는 한, 명예조차도 증오한다고 감히 말할 수 있지만, 그렇다고 내 행동이 마치 어떤 범죄인 것처럼 숨기려고 시도한 적도 없었고, 내 행동이 세상이 알려지지 않도록 많은 대책들을 강구한 적도 없었기 때문이다. 내가 이렇게 했던 것은 부분적으로는 나에게 해를 끼치는 일이며, 또 부분적으로는 내가 추구하는 마음의 평안을 파괴할 불안이 생길 수 있기 때문이다. 그래서 나는 사람들에게 알려지거나 알려지지 않는 데 대해 항상 무관심하게 지냈지만, [어쨌든] 어떤 평판을 받게 되는 것은 막을 수 없으므로, 적어도 나쁜 평판만큼은 받지 않도록 최선을 다해야겠다고 생각했다.

둘째, 무수히 많은 실험들이 필요하지만 다른 사람들의 도움이 없이는 할 수 없으므로, 내가 나 자신을 가르치려는 계획이 점점 늦어지는 사실을 날마다 깨달을 수 있었기 때문이다. 그리고 비록 대중이 내가 가진 문제에 커다란 관심을 기울여주기를 기대할 만큼 내가 잘났다고 우쭐대지는 않더라도, 나보다 더 오래 살게 될 사람들이 먼 훗날, 만약 자신들이 어떻게 내 계획을 성취할 수 있는지를 이해하게 만드는 데 내가 너무 소홀하게 하지 않았다면, 내가 했던 것보다 훨씬 더 좋은 많은 것들을 물려줄 수 있었을 것이라는 사실로 나를 비난하도록 그대로 놓

아두고 싶지는 않기 때문이다.

그리고 나는 많은 논쟁들을 불러일으키지 않고, 내가 원하는 것 이상으로 나의 원리들을 제시할 필요도 없으며, 그러면서도 내가 학문에서 할 수 있는 것과 할 수 없는 것을 아주 분명하게 밝혀주는 어떤 문제들을 쉽게 선택할 수 있다고 생각했다. 나는 이 점에서 내가 성공했는지 실패했는지 말할 수 없고, 나 자신이 내 저술에 대해 말함으로써 다른 사람의 판단을 앞지르고 싶지도 않다. 다만 나는 사람들이 내 저술을 잘 검토해주기 바라며, 또한 이렇게 검토할 더 좋은 기회를 만들기 위해 내 저술에 대해 어떤 반론을 가진 사람은 누구나 수고스럽더라도 그 반론을 출판사로 보내주기를 간절히 부탁한다. 나는 출판사로부터 그 반론을 전해 받는 즉시 내 답변을 추가로 첨부할 것이다.[58] 이렇게 함으로써 독자들은 그 반론과 내 답변을 모두 보면서 훨씬 더 쉽게 진리에 대해 판단하게 될 것이다. 왜냐하면 나는 어떤 경우든 답변을 길게 하지 않을 것이고, 단지 내가 저지른 오류들을 알게 되면 그 오류들을 아주 솔직히 인정할 것이며, 오류들을 알아차릴 수 없다면 내가 썼던 것들을 변호하기 위해 필요

---

58) 데카르트는 실제로 1641년 『제1철학에 관한 성찰』에서 독자의 반론과 자신의 답변을 포함해 출판했다.

하다고 생각한 것만 간단히 말하겠지만, 이때 어떤 새로운 문제에 대해 설명을 첨가하지 않음으로써 이러저러한 문제들에 끝없이 관여하지 않게 만들려고 하기 때문이다.

내가 『굴절광학』과 『기상학』의 처음 부분에서 이야기했던 문제들 가운데 어떤 것들을 가설들이라고만 부르고 이것들을 증명하려고 하지는 않는 점을 첫눈에 이상하게 여기는 독자들이 있다면, 그 책 전체를 주의 깊게 읽는 인내심을 가져야 하며, 그러면 그들이 [이해해] 만족하게 될 것이라고 믿는다. 왜냐하면 이때 나중의 것들은 그 원인인 처음의 것들에 의해 증명되고, 또한 처음의 것들은 역(逆)으로 그 결과인 나중의 것들에 의해 증명되는 방식으로 여러 근거들이 서로 밀접하게 얽혀져 있기 때문이다. 그렇다고 내가 이 점에서 논리학자들이 순환논증(循環論證)이라고 부르는 오류를 범하고 있다고 생각해서는 안 된다. 왜냐하면 실험은 이 결과들의 대부분을 아주 확실한 것으로 만들고, 결과들이 연역되는 원인들은 그 결과들을 증명하기보다 설명하는 데 도움이 되지만, 이와 반대로 원인들은 결과들에 의해 증명되기 때문이다.

내가 이 원인들을 단지 가설들이라고 부른 것은, 다만 나는 이 원인들이 내가 앞에서 설명했던 제1원리들로부터 연역될 수 있다고 생각하지만, 결코 이러한 연역을 하고 싶지 않았다는 사실을 알리기 위해서였을 뿐이다. 그 연역을 하고 싶지 않은 것은, 어떤 사람이 20년 동안 생각한 끝에 도달한 모든 것을 어느 날 그 주제에 관해 단지 두세 마디 말만 듣자마자 발견할 수 있다고 생각하는 사람들이 또는 더 날카롭고 민첩할수록 실제로 그만큼 더 잘못을 저지르기 쉽고 더 진리를 파악할 수 없는 사람들이 나의 원리들이라고 그들이 간주한 기초 위에 어떤 터무니없는 철학적 체계를 세우게 것을 방지하고, 또한 이에 따라 그 책임이 나에게 돌아오는 것을 방지하기 위해서 이다. 왜냐하면, 진정으로 나 자신만의 의견들에 관해 말하면, 나는 이 의견들을 새로운 것이라고 전혀 변명하지 않기 때문이다. [요컨대] 내 의견들의 근거를 잘 생각해 보면, 그것들이 아주 단순하고 또 상식에 잘 일치하므로, 동일한 문제들에서 주장될 수 있는 다른 어떤 의견들보다 덜 이상하고 또 덜 역설적으로 보인다는 사실을 발견할 것이라고 나는 확신하기 때문이다. 그리고 나는 이 의견들 가운데 어떤 것도 내가 그 첫 번째 발견자라고 결코 자랑하지 않는다. 오히려 나는 이전에 누가 이미 그러한 의견들을 주장했기 때문이거나 주장하지 않았기 때문이 아니라, 단지 이성이 나에게 그 의견들의 진리성을 확신시켰기 때문에 받아들인 것을 자랑하고 싶을 뿐이다.

그런데 비록 기술자들이 『굴절광학』에서 설명된 발명59)을 당장 실행할 수는 없더라도, 이 때문에 그 발명이 신통치 않은 것이라고 말할 수 있다고 생각하지 않는다. 왜냐하면 내가 서술한 기계장치들을 어떤 세부사항도 빼놓지 않고 완벽하게 만들고 잘 조정하려면 대단히 능숙한 솜씨와 숙련된 기능이 요구되는데, 만약 기술자들이 이러한 일을 처음 노력해 성공해낸다면, 이것은 마치 어떤 사람이 좋은 악보를 받았기에 단 하루 만에 비파(琵琶)를 훌륭하게 탈 줄 알게 되는 것 못지않게 나에게는 놀라운 일이기 때문이다.

그리고 내 스승들의 언어인 라틴어가 아니라 내 조국의 언어인 프랑스어로 이 책을 쓰는 것도, 태어나면서부터 가진 전적으로 순수한 자연적 이성만을 사용하는 사람들이 오직 옛날의 책들만을 믿는 사람들보다 내 의견들을 더 올바르게 판단해 줄 것이라고 기대하기 때문이다. 또한 이러한 '좋은 정신'과 동시에 학문연구를 겸비한 사람들만이 나를 심판하는 자가 되기를 갈망하며, 이러한 사람들이 내가 일상의 언어로 내가 주장하는 근거를 설명했다고 해서 듣기를 거부할 만큼 라틴어를 편애

---

59) 이것은 데카르트가 렌즈를 깎아낼 목적으로 이 책에서 매우 상세하게 묘사한 기계를 뜻한다.

하지도 않을 것이라고 믿기 때문이다.

　그 밖에 내가 앞으로 학문에서 이룩할 수 있다고 기대하는 진보에 대해 여기에서 더 자세하게 말하고 싶지는 않지만, 확실히 성취할 수 없는 것이라면 어떤 것도 대중에게 약속할 생각이 전혀 없다. 그러나 다음과 같은 말은 꼭 해두고 싶다. 즉 나는 의학(醫學)을 위해 이제까지 얻었던 것보다 더 확실한 규칙들을 끌어낼 수 있을 자연(自然)에 대한 어떤 지식을 획득하는 일에 나의 여생을 전념하기로 결심했다는 것, 다른 모든 계획 특히 어떤 사람에게 유익하면 다른 사람들에게 해로운 계획들은 내 성향에 전혀 맞지 않으므로, 내가 어떤 사정 때문에 그러한 일에 종사하지 않을 수 없게 되더라도 내가 그 일에 성공해낼 수 있을 것이라고 생각하지는 않는다는 것이다. 이렇게 말함으로써 내가 세상에서 존경받는 사람이 되는 데 전혀 도움이 될 수 없다고 분명히 선언하는 것이지만, 그러나 존경받는 사람이 되고 싶은 생각도 전혀 없다. 그리고 나는 이 세상에서 가장 명예로운 직책을 주는 사람보다 아무런 방해도 없이 여가를 즐길 수 있게 호의를 베풀어 주는 사람을 항상 더 고맙게 여길 것이다.

1. 데카르트가 이 책의 발표를 보류하게 된 사건과, 그 후에 다시 출판하게 된 동기들이 무엇인지 생각해보자.

2. 데카르트는 오랫동안 훌륭한 변호사로 활동했다고 반드시 뛰어난 재판관이 되는 것은 아니라고 한다. '변호사'와 '재판관'의 역할과 본분을 통해 무엇 때문인지 생각해보자.

3. 데카르트가 이 책을 당시 학문세계의 공용어인 라틴어가 아니라 자기 나라의 말인 프랑스어로 쓴 이유와 그 시대의 분위기를 생각해보자.

>> 토론해볼 거리 <<

1. 데카르트는 전면적 개혁이 국가, 학문, 교육의 영역에는 부당하고, 이성에 따른 개인의 생각에만 타당하다고 보았다. 이러한 견해에 동의하는지에 관해 점진적 진보(evolution)와 급진적 혁명(Revolution)의 특징과 문제를 중심으로 논의해보자.

2. 데카르트는 '생각하는 나'(cogito)를 강조함으로써 서양의 개인(자아)주의(egoism) 전통을 수립했다. 이러한 전통이 지닌 현대적 의의에 관해 논의해보자.

3. 물질과 마음(정신)이 평행한다는 데카르트의 이원론은 주관(Subject)과 객관(Object), 인간과 자연(동물)을 구별하는 차원을 넘어서 차별하는, 즉 지배하는 논리로까지 전개되었다. 생태계 전반에 걸쳐 심각한 위기에 처한 현대 문명의 입장에서 이러한 이원론적 사고방식에 관해 논의해보자.

For to be possessed of good mental power is not sufficient; the principal matter is to apply them well. The greatest minds are capable of the greatest vices as well as of the greatest virtues, and those who proceed very slowly may, provided they always follow the straight road, really advance much faster than those who, though they run, forsake it.

좋은 정신을 지닌 것만으로는 충분치 않고, 이것을 잘 사용하는 것이 중요하다. 위대한 영혼의 소유자는 엄청난 덕행뿐만 아니라 엄청난 악행도 할 수 있고, 천천히 걷는 사람도, 곧은길을 따라가면, 뛰어가지만 곧은길에서 벗어난 사람보다 훨씬 더 전진할 수 있다.

이종훈

이종훈(李宗勳)은 성균관대학교 철학과와 동 대학원을 졸업했고, 성균관대학교,
이화여자대학교, 한양대학교, 중앙대학교 등의 강사를 거쳐 현재 춘천교육대학교
윤리교육과 교수로 있다.
지은 책은 『현대의 위기와 생활세계』(1994), 『아빠가 들려주는 철학이야기』 1~3
권(1994, 2006), 『현대사회와 윤리』(1999) 등이 있고, 옮긴 책은 『소크라테스 이
전과 이후』(1995) 이외에 『시간의식』(1996), 『유럽 학문의 위기와 선험적 현상
학』(1997), 『경험과 판단』(1997), 『데카르트적 성찰』(2002), 『순수현상학과 현상
학적 철학의 이념들』 제1~3권(2009), 『형식논리학과 선험논리학』(2010), 『언어와
현상학』(1995) 등이 있으며, 논문은 후설 현상학과 어린이철학교육에 관련하여
여러 편이 있다.

데카르트의
삶과
진리추구

초 판 인 쇄 | 2012년 2월 1일
초 판 발 행 | 2012년 2월 1일

편 역 자 | 이종훈
펴 낸 이 | 채종준
펴 낸 곳 | 한국학술정보㈜
주   소 | 경기도 파주시 문발동 파주출판문화정보산업단지 513-5
전   화 | 031) 908-3181(대표)
팩   스 | 031) 908-3189
홈 페 이 지 | http://ebook.kstudy.com
E-mail | 출판사업부 publish@kstudy.com
등   록 | 제일산-115호(2000. 6. 19)

ISBN   978-89-268-2967-7 03160 (Paper Book)
         978-89-268-2968-4 08160 (e-Book)

이담
/books 는 한국학술정보(주)의 지식실용서 브랜드입니다.